W0083322

OpenVPN
kurz & gut

OpenVPN
kurz & gut

Sven Riedel

O'REILLY®

Beijing · Cambridge · Farnham · Köln · Paris · Sebastopol · Taipei · Tokyo

Kommentare und Fragen können Sie gerne an uns richten:
O'Reilly Verlag
Balthasarstr. 81
50670 Köln
Tel.: 0221/9731600
Fax: 0221/9731608
E-Mail: kommentar@oreilly.de

Copyright der deutschen Ausgabe:
© 2007 by O'Reilly Verlag GmbH & Co. KG
1. Auflage 2007

Bibliografische Information Der Deutschen Bibliothek
Die Deutsche Bibliothek verzeichnet diese Publikation in der Deutschen Nationalbibliografie; detaillierte bibliografische Daten sind im Internet über *http://dnb.ddb.de* abrufbar.

Lektorat: Christine Haite, Köln
Fachgutachten: Christoph Badura, Köln, Daniel Lehmann & Andreas Kupfer, Bonn
Korrektorat: Friederike Daenecke, Zülpich
Satz: DREI-SATZ, Husby
Umschlaggestaltung: Marcia Friedman, Boston & Michael Oreal, Köln
Produktion: Andrea Miß, Köln
Druck: fgb freiburger graphische betriebe; www.fgb.de

ISBN 978-3-89721-529-0

Inhalt

Vorwort

Virtual Private Networks (virtuelle private Netzwerke, VPNs) bauen zwischen zwei Rechnern einen Tunnel auf, und jeglicher Verkehr, der durch diesen Tunnel fließt, wird für den Benutzer transparent verschlüsselt. Hauptanwendungsgebiet der VPNs sind die sichere Kommunikation von zwei Rechnern oder Netzwerken über ein dazwischenliegendes, als unsicher zu erachtendes Netzwerk, wie z.B. das Internet. VPNs sind seit dem Ende der 1990er stark auf dem Vormarsch – kaum eine Firma kann es sich heute noch leisten, keinen VPN-Zugang für externe Mitarbeiter anzubieten.

Es gibt zwei verbreitete Möglichkeiten ein VPN zu implementieren: als Aufsatz auf den Netzwerkstack des Kernels (z.B. IPSEC) oder in Form eigenständiger Programme, die zumeist als Client/Server-Programme implementiert sind, die dann das Verschlüsseln und Weiterleiten der Daten übernehmen.

OpenVPN ist ein Vertreter der letzten Kategorie, insbesondere ein sogenanntes SSL-basiertes VPN. Die Vorteile gegenüber VPNs, die auf der Erweiterung des Netzwerkstacks basieren, sind offensichtlich: Es ist kein Eingriff in den Betriebssystemkern oder den Netzwerkstack notwendig. Außerdem macht die vollständige Implementierung von OpenVPN außerhalb des Kernels es sehr portabel: OpenVPN läuft auf Windows ab 2000, Linux, MacOS X, FreeBSD, OpenBSD, NetBSD und Solaris.

Die Verwendung von SSL als Verschlüsselungsmechanismus bringt noch weitere Vorteile gegenüber z.B. PPTP mit sich: Der VPN-Tunnel lässt sich durch HTTP-Proxies aufbauen, und da bei fast jeder Firewall der HTTPS-Port (443/TCP) für den Zugang in das Internet freigeschaltet ist, bereiten auch Firewalls in fremden Netzwerken keine Probleme. Insbesondere im Firmenumfeld ist dies von Vorteil, wenn externe Mitarbeiter von Kundennetzwerken ihr VPN zur Firma aufbauen müssen.

Einen kleinen Wermutstropfen gibt es aber dennoch: OpenVPN benötigt einen virtuellen Netzwerkadapter, ein sogenanntes tun- oder tap-Gerät, um funktionieren zu können. Bei vielen Unix-artigen Betriebssystemen und Linux-Distributionen sind diese Geräte bereits angelegt und können direkt verwendet werden. Für Windows wird mit dem OpenVPN-Paket ein Treiber für dieses virtuelle Interface mitgeliefert – aber Sie werden Administratorrechte benötigen, um OpenVPN installieren zu können.

Zu den weiteren Funktionen, die OpenVPN bereitstellt, gehört

- der wahlweise Aufbau des VPN-Tunnels als Point-to-Point- oder Bridging-Tunnel, die Skalierbarkeit im TCP-Server-Modus bis hin zu Hunderten oder gar Tausenden von Clients,
- die Verwendung von statischen oder dynamischen Sitzungsschlüsseln (letztere über die TLS-Schlüsselaushandlung), die Möglichkeit, dass alle Verschlüsselungs- und Hashalgorithmen der verwendeten OpenSSL-Bibliothek verwendet werden können,
- eine Managementkonsole zur Fernwartung,
- die Online-Komprimierung der übertragenen Daten und auch
- die Möglichkeit, mit dynamischen IPs auf beiden Tunnelendpunkten zurechtzukommen.

Im vorliegenden Buch wird auf OpenVPN in der Version 2.0.9 und 2.1rc1 eingegangen. Zum Zeitpunkt, als dieses Buch geschrieben wurde, war die Version 2.0 die aktuelle stabile Version und 2.1 die aktuelle Entwicklungsversion. Allerdings ist die Entwicklung der Version 2.1 bereits so weit fortgeschritten, dass es durchaus sein kann, dass dies die aktuelle stabile Version ist, wenn Sie dieses Buch in den Händen halten.

Konventionen

Es gelten die folgenden typographischen Konventionen:

Kursiv
> URLs

Nichtproportionalschrift
> Programmnamen, Dateinamen, Kommandozeilenoptionen, Direktiven der Konfigurationsdateien usw.

> Bei der Angabe mehrerer sich ausschließender Optionen ist der Default unterstrichen: Compression yes|no

Nichtproportionalschrift kursiv
> Dinge, die der Benutzer durch konkrete Werte ersetzen muss, z.B. Parameter für Optionen und Direktiven

Nichtproportionalschrift fett
> Benutzereingaben bei umfangreichen Beispielen

KAPITÄLCHEN
> Buttons und andere Schaltflächen

Danksagungen

Ich möchte mich an dieser Stelle bei Helmut Würmseer dafür bedanken, dass er meine ballistische Kommasetzung in ein interpretierbares Format gebracht hat, bei meinen Fachgutachtern Christoph Badura, Daniel Lehmann und Andreas Kupfer für ihre tatkräftige Unterstützung und das Aufdecken von Unklarheiten an Stellen, bei denen mir keine bewusst waren, und bei meiner Lektorin Christine Haite für ihr Engagement und ihr Verständnis für Ereignisse außerhalb meiner Kontrolle, die mich zwangen, die Deadline für dieses Buch zu verschieben. Ganz besonders möchte ich mich beim OpenVPN-Team bedanken. Ohne dessen tolles Programm und seine ausführliche Dokumentation wäre dieses Buch nie entstanden.

## KAPITEL 1

VPN im Überblick

In diesem Kapitel erhalten Sie einen ersten Überblick über die Art und Weise, wie VPNs funktionieren, welche Einsatzszenarien häufig vorkommen, was die virtuellen Netzwerkadapter tun und tap sind und worin sie sich unterscheiden.

Einsatzszenarien

Wie bereits in der Einleitung geschildert wurde, sind VPNs verschlüsselte Tunnel, über die Netzwerkpakete sicher und vertraulich durch unsichere Netzwerke geschleust werden können. Wenn das verwendete Netzwerkprotokoll keine eigene kryptographische Verschlüsselung aufweist und zwei Rechner zwingend mit diesem Protokoll über das Internet miteinander kommunizieren müssen, führt kein Weg an einem VPN vorbei.

Es gibt drei grundsätzliche Szenarien, die bei VPN-Konfigurationen auftauchen können: Host-to-Host, bei dem Rechner direkt aneinandergekoppelt werden, Host-to-Net, bei dem Rechner mit einem entfernten Netzwerk verbunden werden, und Net-to-Net, das Netzwerke miteinander verbindet.

Host-to-Host wird z.B. verwendet, wenn zwei Privatpersonen über das Internet ihre Rechner sicher miteinander verbinden wollen. Host-to-Net wird häufig bei sogenannten »Road Warriors« in der freien Wildbahn gesehen: also bei externen oder mobilen Mitarbeitern einer Firma, die sich mit ihrem Laptop von unterwegs in der Firma anmelden wollen. Es kann sich aber auch um ambitionierte Heim-ITler handeln, die einen externen Recher (z.B. einen Root-

Server bei einem Hoster) mit ihrem LAN zu Hause verbinden möchten. Net-to-Net ist die voll ausgeprägte Version, in der zwei LANs über einen VPN-Tunnel miteinander kommunizieren können. Diese Konstellation findet man häufig, wenn Firmen Filialen miteinander sicher kommunizieren lassen möchten.

Grafische Darstellungen dieser Szenarien sowie exemplarische Konfigurationen dazu finden Sie in Kapitel 6, *Beispielkonfigurationen*.

VPN-Typen

Das Thema VPN ist in den letzten Jahren ein Buzzword der IT-Industrie gewesen, und entsprechend finden sich zurzeit viele verschiedene Ausprägungen von VPNs. Allen gemeinsam ist die Tatsache, dass sie einen Tunnel zwischen Rechnern aufbauen und dass zwischen diesen Tunneln Daten fließen können. Unterschiede gibt es aber dennoch genug. Im Folgenden wird kurz auf die VPN-Typen IPSEC und SSL-basiert im Vergleich zu den sonstigen VPN-Typen eingegangen.

IPSEC

IPSEC ist ein RFC-Standard und ist hauptsächlich für IPv6 konzipiert worden. IPSEC wurde aber auch in IPv4 implementiert und steht unter vielen Betriebsystemen zur Verfügung. Die Sicherung des Datenverkehrs läuft ausschließlich im Netzwerkstack des Betriebssystems ab. Aufgrund der Tatsache, dass IPSEC ein Standard ist und direkt im Netzwerkstack implementiert wird, sollte theoretisch die Interoperabilität und Geschwindigkeit sehr hoch sein. Sein Nachteil ist die leider recht komplizierte und unkomfortable Konfiguration.

SSL-basiertes VPN

SSL-basierte VPN Systeme laufen als eigenständige Programme außerhalb des Betriebsystemkerns und nutzen den SSL-Standard als Verschlüsselungsprotokoll. Da SSL unter anderem auch bei dem HTTPS-Protokoll genutzt wird, um Webseiten sicher und vertraulich anzubieten, ist SSL gut dokumentiert, und eine Interoperabilität zwischen Betriebssystemen ist faktisch garantiert. OpenVPN zählt zu dieser Gattung. Eines der Hauptprobleme von VPNs zeigt sich, wenn man sich in einem gut abgesicherten Netzwerk befindet und eine Verbindung nach Hause (oder in die eigene Firma) aufbauen will. Meistens scheitert dies an den Firewalls des Gastnetzwerks. Hier sind SSL-basierte VPNs klar im Vorteil: Lauscht der VPN-Server auf Port 443 (HTTPS), so können sich diese VPN-Systeme fast immer direkt mit dem Server verbinden. Selbst wenn das Gastsystem einen Proxy für HTTPS vorschreibt, können sich diese VPNs durch den Proxy durchtunneln und in fast allen Fällen immer noch eine VPN-Verbindung erreichen – und zwar ohne dass dem Administrator des Gastnetzwerks irgendein Konfigurationsaufwand aufgebürdet wurde.

Andere Typen

Diesen beiden VPN-Typen stehen etliche Eigenentwicklungen gegenüber, die meist auf eigenen Ports laufen, eigene kryptographische Routinen implementieren und/oder einen sehr kleinen Kreis an brauchbaren VPN-Clients für die verschiedenen Betriebssysteme anbieten. Diese VPN-Implementierungen müssen nicht weniger sicher als die beiden oben genannten Typen sein. Wenn man jedoch nicht alle Netzwerke selbst kontrolliert, aus denen man heraus den Tunnel aufbauen möchte, bekommt man zwangsläufig früher oder später Probleme – spätestens wenn man den Firewalladministrator bitten muss, einen bestimmten Port freizuschalten.

Tun- und Tap-Geräte

Tun- und Tap-Geräte sind virtuelle Netzwerkadapter, die das Betriebssystem zur Verfügung stellt. Mit diesen ist es OpenVPN möglich, mit dem Rechner und der Außenwelt Verbindung aufzunehmen, ohne dass hierfür dedizierte physikalische Netzwerkkarten notwendig sind.

Bei den meisten Unix-artigen Betriebssystemen sind diese Geräte bereits im Betriebssystem vorhanden. Eventuell müssen noch Treiber in den Betriebssystemkern eingebunden werden. Für Windows gibt es einen eigenständigen Treiber, der diese virtuellen Netzwerkgeräte zur Verfügung stellt. Dieser Treiber wird automatisch bei der Installation von OpenVPN unter Windows mit installiert.

Der grundsätzliche Unterschied zwischen tun und tap ist folgender: mit tap-Geräten kann man Netzwerk-Bridges bauen, d.h., alle Rechner, die zum VPN Zugang haben, stehen in einem (teilweise) virtuellen LAN. Wenn alte Windows-Rechner sich austauschen müssen oder der Datenverkehr mit antiquierten Netzwerkprotokollen wie IPX oder Appletalk laufen muss, wären tap-Geräte das Mittel der Wahl. Auch wenn man nur ein kleines Netzwerk aufbauen will (insgesamt bis 10 Rechner), kann zu tap gegriffen werden. Es ist einfacher und schneller zu konfigurieren, da kein Routing eingerichtet werden muss. Der Nachteil ist jedoch, dass jeder als Broadcast verschckte Netzwerkverkehr auch über den VPN-Tunnel in das andere Netzwerksegment dupliziert wird – egal ob die jeweiligen Pakete für das andere Ende gedacht waren oder nicht.

Bei tun-Geräten wird hingegen zwischen Netzwerksegmenten geroutet. Diese Option skaliert besser, wenn mehr Rechner zum VPN hinzukommen, und der Durchsatz über den Tunnel ist in der Regel auch schneller. Leider ist diese Lösung auch (etwas) aufwendiger zu konfigurieren, da das Routing noch eingerichtet werden muss. Der Mehraufwand ist jedoch sehr überschaubar und rentiert sich auf lange Sicht.

Eine etwas weiterführende Diskussion zu tun- und tap-Geräten – allerdings aus der Perspektive, ob Bridging oder Routing zu bevorzugen ist – finden Sie in Kapitel 8, *Sonstige Überlegungen zum Betrieb*.

## KAPITEL 2

Installation

In diesem Kapitel wird die Installation von OpenVPN beschrieben – sowohl unter Unix-artigen Betriebssystemen als auch unter Windows. Zunächst wird auf die Installation unter Unix-artigen Betriebssystemen eingegangen und anschließend auf die Installation unter Windows.

OpenVPN benötigt für die Installation und den Betrieb einen virtuellen tun- oder tap-Netzwerkadapter auf dem Rechner. Ferner sind die folgenden Bibliotheken optional, aber dringend empfohlen: die OpenSSL-Bibliothek für die Verschlüsselung (mindestens in der Version 0.9.5), die LZO-Bibliothek zur Echtzeit-Komprimierung und die pthreads-Bibliothek. Stellen Sie sicher, dass Sie den aktuellsten Patchlevel Ihrer OpenSSL-Bibliotheksversion nutzen, da hier in unregelmäßigen Abständen doch Sicherheitsschwächen gefunden werden.

Unix-artige Betriebssysteme

Unter Unix-artigen Betriebssystemen können Sie das OpenVPN-Paket Ihrer Unix-Distribution installieren, oder Sie kompilieren OpenVPN direkt aus den Quellen. Da die Installation der Distributionspakete recht geradlinig ist, werden wir im folgenden Abschnitt nur auf das Kompilieren aus dem Quellcode eingehen.

Laden Sie zunächst das tar-Paket mit den Quellen von *http://openvpn.net/download.html* herunter, und entpacken Sie es anschließend mit

```
tar xfzv openvpn-X.Y.Z.tar.gz
```

wobei X.Y.Z die Version von OpenVPN ist, dessen Quellcode Sie heruntergeladen haben. Wechseln Sie in das Verzeichnis des Quellcodes

```
cd openvpn-X.Y.Z
```

und konfigurieren Sie den Kompilierungsprozess mit dem Befehl configure:

```
./configure parameter
```

Für configure stehen neben den üblichen Parametern wie --prefix die folgenden Konfigurationsmöglichkeiten zur Verfügung :

--enable-pthread (nur unter Linux und Solaris)
> Kompiliert OpenVPN mit pthread-Unterstützung. Dies verbessert dank Multithreading die Latenzzeiten von VPN-Verbindungen während des Aushandelns des TLS-Sitzungsschlüssels.

--disable-lzo
> Deaktiviert die Echtzeit-Komprimierungsfunktion für VPN-Verbindungen.

--with-lzo-headers=Verzeichnis
> Gibt das Verzeichnis an, in dem die Header-Dateien der LZO-Bibliothek zu finden sind.

--with-lzo-lib=Verzeichnis
> Gibt das Verzeichnis an, in dem die LZO-Bibliothek zu finden ist.

--disable-crypto
> Deaktiviert die Verschlüsselungsfunktionen von OpenSSL.

--disable-ssl
> Deaktiviert die SSL-Funktionalität von OpenSSL für den TLS-Schlüsselaustausch.

--with-ssl-headers=Verzeichnis
> Gibt das Verzeichnis an, in dem die Header-Dateien der OpenSSL-Bibliothek zu finden sind.

--with-ssl-lib=Verzeichnis
> Gibt das Verzeichnis an, in dem die OpenSSL-Bibliothek zu finden ist.

`--with-ifconfig-path=`*Pfadangabe*
> Gibt an, wo der ifconfig-Befehl auf Unix-artigen Betriebssystemen zu finden ist.

`--with-leak-check=`*Typ*
> Gibt an, welcher Typ von Speicherleck-Check verwendet werden soll: `ssl` oder `dmalloc`. Um `dmalloc` zu verwenden, müssen Sie die `dmalloc`-Bibliothek installiert haben.

`--enable-strict`
> Aktiviert strikte Warnungen des Compilers.

`--enable-strict-options`
> Aktiviert eine strikte Überprüfung von Optionen zwischen zwei Endpunkten eines OpenVPN-Tunnels.

Wenn Sie beispielsweise OpenSSL per Hand kompiliert und nach `/usr/local/openssl` installiert haben und OpenVPN nach `/usr/local/openvpn` installieren wollen, sähe der `configure`-Aufruf wie folgt aus:

```
./configure --prefix=/usr/local/openvpn --with-ssl-lib=/usr/
local/openssl/lib --with-ssl-headers=/usr/local/openssl/include
```

Nach dem Konfigurieren können Sie mit

```
make
```

OpenVPN kompilieren, optional mit

```
make check
```

interne Konsistenz-Tests von OpenVPN laufen lassen und abschließend mit

```
make install
```

OpenVPN installieren. Jetzt können Sie mit dem Erstellen einer Konfiguration für OpenVPN loslegen. Die Konfigurationsdirektiven werden in Kapitel 3, *Konfigurationsparameter*, beschrieben, fertige Beispielkonfigurationen für häufige Anwendungsszenarien finden Sie in Kapitel 6, *Beispielkonfigurationen*.

Installation und Betrieb unter Windows

OpenVPN bietet ein Installationspaket mit grafischem Installer für Windows. Dieses können Sie wie das Source-Paket unter *http://openvpn.net/download* beziehen. Die Installation läuft wie bei fast allen anderen Windows-Installationspaketen: Nach dem Akzeptieren der Lizenzbedingungen kann ausgewählt werden, welche Komponenten installiert werden sollen. Hier sollten Sie alle Komponenten ausgewählt lassen. Anschließend können Sie den Installationspfad festlegen und OpenVPN installieren.

Bei der Einrichtung des TAP-Win32-Adapters wird es eine Warnung geben, dass dieser Treiber den Windows-Logo-Test nicht bestanden hat. Quittieren Sie diese Nörgelmeldung mit einem Klick auf INSTALLATION FORTSETZEN. Abschließend können Sie sich noch mal die Readme-Datei anzeigen lassen. Nachdem Sie auch diesen Dialog geschlossen haben, haben Sie OpenVPN erfolgreich auf Ihrem Windows-Rechner installiert.

Nach der Installation gibt es drei Möglichkeiten, mit OpenVPN einen Tunnel aufzubauen: manuell über die Konsole, im Explorer, indem Sie auf einer .ovpn-Konfigurationsdatei rechtsklicken und den Menüpunkt START OPENVPN WITH THIS CONFIG FILE auswählen, oder über einen Dienst. Die ersten zwei Methoden geben dem Benutzer Kontrolle darüber, welcher Tunnel wann aufgebaut wird, sind aber auch aufwendiger und – noch schlimmer – können nur angewendet werden, wenn der Benutzer auch lokale Administratorrechte hat.

Während der Installation wird ein OpenVPN-Dienst angelegt, aber nicht automatisch aktiviert. Um OpenVPN als Dienst auszuführen, öffnen Sie START → EINSTELLUNGEN → SYSTEMSTEUERUNG → VERWALTUNG→DIENSTE und suchen den Eintrag für den OpenVPN-Dienst. Durch einen Doppelklick auf den Eintrag werden die Eigenschaften des Dienstes angezeigt. Ändern Sie den Starttyp auf AUTOMATISCH. Hiernach wird OpenVPN nach einem Neustart als Dienst automatisch ausgeführt.

In diesem Fall wird für jede .ovpn-Datei, die im config-Unterverzeichnis des Installationsverzeichnisses gefunden wird, automatisch ein Tunnel initiiert, und zu jedem Tunnel wird eine Logdatei gleichen Namens wie die Konfigurationsdatei in das log-Unterverzeichnis geschrieben. Außerdem braucht der angemeldete Benutzer keine besonderen Rechte, um den Tunnel nutzen zu können.

Während das manuelle Ausführen von OpenVPN die gesamte Konfiguration aus den Konfigurationsdateien liest, speichert der OpenVPN-Dienst auch gewisse Konfigurationselemente in der Registry unter HKEY_LOCAL_MACHINE\SOFTWARE\OpenVPN. Die folgenden Registry-Schlüssel werden angelegt:

config_dir *Verzeichnis*

> Gibt das *Verzeichnis* an, in dem nach Konfigurationsdateien für einen automatisch aufzubauenden Tunnel gesucht werden soll. Standardwert ist Programme\OpenVPN\config.

config_ext *Dateierweiterung*

> Gibt die *Dateierweiterung* an, die Konfigurationsdateien nutzen. Der Standardwert ist ovpn.

exe_path *Pfad*

> Gibt den *Pfad* für das openvpn.exe-Programm an. Der Standardwert ist \Programme\OpenVPN\bin\openvpn.exe.

log_dir *Verzeichnis*

> Gibt das *Verzeichnis* an, in das die Logdateien für die aufgebauten Tunnel geschrieben werden sollen. Der Standardwert ist \Programme\OpenVPN\log.

log_append 0|1

> Gibt an, ob beim Aufbau einer neuen Tunnelinstanz an eine vorhandene Logdatei angefügt werden soll (Wert 1) oder ob die Datei überschrieben werden soll (Wert 0).

priority *Priorität*

> Gibt die *Priorität* der Tunnelinstanzen an. Die *Priorität* kann die folgenden Werte annehmen: IDLE_PRIORITY_CLASS, BELOW_NORMAL_PRIORITY_CLASS, NORMAL_PRIORITY_CLASS, ABOVE_NORMAL_PRIORITY_CLASS, HIGH_PRIORITY_CLASS. Der Standardwert ist NORMAL_PRIORITY_CLASS.

Der OpenVPN-Dienst führt im Hintergrund openvpnserv.exe aus, der wiederum die einzelnen OpenVPN-Instanzen für die Tunnel ausführt. Treten bei der Ausführung des Dienstes Probleme auf, werden diese in das Ereignisprotokoll für Anwendungen von Windows geschrieben. Die Ereignisprotokolle finden Sie unter START→ EINSTELLUNGEN → SYSTEMSTEUERUNG → VERWALTUNG → EREIGNIS-ANZEIGE.

## KAPITEL 3

Konfigurationsparameter

OpenVPN nutzt dieselben Direktiven sowohl in der Konfigurationsdatei als auch auf der Kommandozeile. Der einzige Unterschied ist, dass die Direktiven mit einem doppelten Minus ('--') eingeleitet werden, wenn sie als Kommandozeilenargument verwendet werden. Aus der Anweisung in der Konfigurationsdatei

```
dev /dev/tun0
```

wird also das folgende Kommandozeilenargument:

```
--dev /dev/tun0
```

Die Liste der Direktiven wird im Folgenden ohne das führende --
angegeben.

help
> Zeigt eine Liste der Kommandozeilenoptionen an.

config *datei*
> Liest zusätzliche Konfigurationsanweisungen aus *datei* aus.
> Wird config als einziges Kommandozeilenargument verwendet, so kann der Direktivenname auch weggelassen werden.
> Somit sind die beiden folgenden Aufrufe äquivalent:

```
openvpn --config /etc/openvpn.cfg
openvpn /etc/openvpn.cfg
```

Die Konfigurationsdirektiven sind im Folgenden in Abschnitte gruppiert, die verwandte Funktionalität zusammenfassen. Zunächst wird auf die allgemeinen Tunnel-Direktiven und Direktiven zur Netzwerkkonfiguration eingegangen (Seite 22). Hiernach wird zunächst auf die Direktiven für OpenVPN-Clients (Seite 48) eingegangen, gefolgt von den Konfigurationsmöglichkeiten für Open-

VPN-Server (Seite 50). Direktiven zu den Einstellungen der Verschlüsselung finden Sie auf Seite 59, Direktiven zur Konfiguration des TLS-Protokolls sind auf Seite 64 zu finden. Es folgen Abschnitte zu Direktiven, mit denen Sie Informationen über die SSL-Bibliothek erhalten können (Seite 75), zur Schlüsselgenerierung (Seite 76) und ein Abschnitt zu persistenten Tunneln (Seite 76). Abschließend wird auf Seite 77 auf die Direktiven eingegangen, die speziell unter dem Betriebssystem Windows gelten.

Allgemeine Tunnel-Direktiven

In diesem Abschnitt werden generelle Direktiven zum Tunnel an sich und zu den Netzwerkeinstellungen vorgestellt.

`mode p2p|server`

> Gibt das Standardverhalten von OpenVPN vor. p2p ist die traditionelle Einstellung für Punkt-zu-Punkt-Verbindungen zwischen zwei OpenVPN-Servern. server ermöglicht das Verbinden mit mehreren Clients und wurde mit der OpenVPN-Version 2.0 eingeführt. Im Regelfall werden Sie mit dem server-Modus arbeiten wollen, es sei denn, dass Sie lediglich zwei Tunnelendpunkte haben werden.

`local rechnername`

> Gibt die IP-Adresse bzw. den Rechnernamen einer IP-Adresse auf dem lokalen Rechner vor, an die sich OpenVPN binden soll. Wird diese Option nicht angegeben, so bindet sich OpenVPN an alle vorhandenen Interfaces.

`remote rechnername [port]`

> Gibt einen rechnernamen und einen optionalen port an, mit dem kommuniziert werden kann. Ist rechnername ein symbolischer Rechnername und keine IP und wird dieser Rechnername auf mehrere IP-Adressen aufgelöst, so verwendet OpenVPN eine zufällige IP-Adresse aus dieser Liste. Damit kann ein rudimentäres Load-Balancing verwirklicht werden.

> Es können mehrere remote-Direktiven aufgeführt werden, um eine Liste von rechnernamen anzugeben. Wird das Protokoll TCP zur Kommunikation verwendet, so werden Pakete von

allen hier nicht aufgeführten IP-Adressen verworfen. Bei der Verwendung des UDP-Protokolls müssen die Pakete zusätzlich alle Authentifizierungsmechanismen erfolgreich durchlaufen, da das Fälschen von IP-Adressen mit dem UDP-Protokoll ganz besonders leicht ist.

Wird OpenVPN im Client-Modus betrieben, so gibt diese Option einen Server vor, mit dem sich der Client verbinden soll. Sind mehrere `remote`-Direktiven im Client-Modus angegeben, so werden die angegebenen *rechnernamen* als Fallback-Alternativen angesehen, die der angegebenen Reihenfolge nach durchprobiert werden, wenn die Server nicht reagieren oder nicht ansprechbar sind. Wird das UDP-Protokoll genutzt, dann bestimmen die Werte der `ping`- und `ping-restart`-Direktiven, ob ein Server als nicht erreichbar erachtet wird.

Beachten Sie, dass der folgende Fall zu einem Fehler führen kann, der den OpenVPN-Prozess terminiert: Sind in einem Nicht-Windows-Betriebssystem mehrere `remote`-Direktiven angegeben, werden die root-Rechte mittels der `user`- und/oder `group`-Direktiven fallen gelassen und muss nach einer Verbindung zu einem Server der Server gewechselt werden und schiebt ferner dieser Server dem Client andere TUN/TAP- oder Routing-Einstellungen zu, dann kann es sein, dass dem OpenVPN-Prozess die nötigen Rechte fehlen, um die neuen Einstellungen umzusetzen.

`remote-random`

Wenn mehrere `remote`-Direktiven angegeben sind, wird die Reihenfolge in der die angegebenen Rechnernamen genutzt werden, neu ausgewürfelt, um so ein primitives Load-Balancing-Verfahren umzusetzen.

`proto` <u>udp</u>|`tcp-client`|`tcp-server`

Gibt das Protokoll an, mit dem der VPN-Tunnel betrieben wird. Um das UDP-Protokoll nutzen zu können, muss die Einstellung `udp` an beiden Enden des Tunnels genutzt werden. Ansonsten muss ein Tunnelendpunkt `tcp-server` nutzen, und alle anderen Tunnelendpunkte verwenden die `tcp-client`-Einstellung.

Wird `tcp-server` angegeben, so wartet die OpenVPN-Instanz auf neue einkommende Verbindungen. Wird `tcp-client` angegeben, wird versucht, sich mit einem der Server in Verbindung zu setzen, die mit der `remote`-Direktive angegeben werden. Schlägt die Verbindung fehl, so wird der Verbindungsaufbau nach der Verzögerung, die mit der `connect-retry`-Direktive angegeben wird (Standard: 5 Sekunden), neu versucht. Ab OpenVPN 2.1 kann man über die `connect-retry-max`-Direktive angeben, wie häufig ein Aufbauversuch stattfindet. Wird diese Direktive nicht benutzt, so wird (wie auch in der Version 2.0) der Aufbauversuch so häufig unternommen, bis er gelingt oder der Prozess beendet wird.

Quittiert eines der beiden Enden des Tunnels ein Paket mit einem TCP-Reset, so simulieren beide die neue Initialisierung des Tunnels wie über ein `SIGUSR1`-Signal.

OpenVPN kann optimal mit dem UDP-Protokoll arbeiten. Mit TCP kann es in unzuverlässigen oder hoch belasteten Netzwerken zu Problemen kommen, die sich in hohen Latenzzeiten äußern. Eine TCP-Verbindung kann aber auch Vorteile haben: Wenn ein Nicht-IP-Protokol, UDP-Verbindungen oder andere Protokolle ohne Mechanismen zur Fehlerkorrektur getunnelt werden sollen, so ist ein TCP-Tunnel zu bevorzugen.

`connect-retry` *sekunden*
> Gibt die Anzahl der *sekunden* an, nach denen ein neuer Verbindungsaufbau versucht werden soll, wenn das `tcp-client`-Protokoll genutzt wird.

`connect-retry-max` *anzahl* [Version 2.1]
> Gibt an, wie häufig ein Verbindungsaufbau versucht werden soll. Kann in der angegebenen *anzahl* von Versuchen keine Verbindung aufgebaut werden, bricht OpenVPN den Verbindungsvorgang ab. Standardmäßig gibt es keine maximale Anzahl von Verbindungsversuchen.

`auto-proxy` [Version 2.1]
> Ist diese Direktive angegeben, versucht OpenVPN, Einstellungen für HTTP- und SOCKS-Proxies automatisch über das

Betriebssystem herauszufinden. Werden keine Einstellungen gefunden oder unterstützt das zugrunde liegende Betriebssystem die Abfrage von Proxydaten nicht, versucht OpenVPN, eine direkte Verbindung herzustellen. Sind sowohl HTTP- als auch SOCKS-Proxies angegeben, nutzt OpenVPN den HTTP-Proxy. Wird zur Authentifizierung beim Proxy ein Passwort benötigt, wird dieses über das Management Interface abgefragt. Aktuell wird diese Direktive nur unter Microsoft Windows unterstützt.

`http-proxy` *rechnername port* [*datei*/stdin] [none/basic/ntlm]
`Version 2.0`
`http-proxy` *rechnername port* [*datei*/stdin|auto] [none/basic/ntlm]
`Version 2.1`

Nutzt den HTTP-Proxyserver, der auf dem angegebenen *rechnernamen* läuft und auf *port* lauscht. Ist eine Proxy-Authentifizierung erforderlich, werden der Benutzername und das Passwort aus der angegebenen *datei* gelesen. Die *datei* soll aus zwei Zeilen bestehen, wobei der Benutzername in der ersten und das Passwort in der zweiten Zeile steht. Anstelle eines Dateinamens kann auch stdin angegeben werden, um die Authentifizierungsdaten über die Standardeingabe einzulesen. Optional kann schließlich die Authentifizierungsmethode angegeben werden.

Ab der OpenVPN-Version 2.1 kann über das Schlüsselwort auto OpenVPN angewiesen werden, selbstständig die notwendige Authentifizierungsmethode herauszufinden und ein eventuell benötigtes Passwort über die Standardeingabe oder das Management Interface abzufragen.

`http-proxy-retry`

Ist diese Direktive angegeben und tritt ein Proxy-Fehler auf, so wird ein Reset analog zum SIGUSR1-Signal simuliert, und es wird erneut versucht, die Verbindung aufzubauen. Hierbei gibt es keine Beschränkung bei der Anzahl der Verbindungsversuche.

`http-proxy-timeout` *sekunden*

Gibt die Dauer des Proxy-Timeouts in *sekunden* an. Verstreicht die hier angegebene Anzahl von Sekunden nach dem Absenden eines Paketes ohne Antwort vom Proxy, so wird von einem Proxyfehler ausgegangen. Wird `http-proxy-retry` mit angegeben, so wird automatisch versucht, die Daten erneut über den Proxy zu senden.

`http-proxy-option` *typ* [*wert*]

Mit dieser Direktive kann die angegebene Proxy-Option *typ* auf einen *wert* gesetzt werden. Die Direktive kann wiederholt angegeben werden, um mehrere Optionen zu setzen. Aktuell werden die folgenden Optionen unterstützt:

`VERSION` *version*

Gibt die verwendete HTTP-Version an.

`AGENT` *benutzer-agent*

Setzt den Wert des User-Agent-Headers des HTTP-Protokolls.

`socks-proxy` *rechnername* [*port*]

Verbindet sich mit dem entfernten Rechner über den SOCKS5-Proxy auf dem angegebenen *rechnernamen*, der auf dem optional angegebenen *port* lauscht (Standardport ist 1080).

`socks-proxy-retry`

Ist diese Direktive angegeben und tritt ein Proxy-Fehler auf, so wird ein Reset analog zum `SIGUSR1`-Signal simuliert, und es wird erneut versucht, die Verbindung aufzubauen. Hierbei gibt es keine Beschränkung bei der Anzahl der Verbindungsversuche.

`resolv-retry` *sekunden*|`indefinite`

Schlägt eine DNS-Auflösung eines Rechnernamens fehl, der mittels der `remote`-Direktive angegeben wurde, so wird die Namensauflösung für *sekunden* versucht, bevor der Versuch abgebrochen wird. Der Standardwert ist `indefinite`, was bedeutet, dass die Namensauflösung unendlich lange versucht wird, bis ein Versuch gelingt.

`float`

Erlaubt es dem entfernten Rechner, seine IP-Adresse und die Portnummer der Verbindung zu ändern, z.B. aufgrund von DHCP-Vorgaben oder einer Neueinwahl eines Clients mit dynamischen IP-Adressen. Diese Einstellung ist standardmäßig aktiviert, wenn keine remote-Direktive genutzt wird. Sind sowohl float- als auch remote-Direktiven angegeben und wird eine Verbindung über eine genehmigte IP-Adresse aufgebaut und kommen Pakete für diese Adresse von einer anderen IP-Adresse an, so übernimmt die neue IP-Adresse die Verbindung, wenn die Pakete alle Authentifizierungsmechanismen erfolgreich durchlaufen.

ipchange *befehl*

Führt den angegebenen *befehl* aus, wenn die entfernte IP-Adresse des Tunnels beim Verbindungsaufbau authentifiziert wird oder sich ändert. Der Befehl wird in einer Shell ausgeführt und kann Kommandozeilenparameter enthalten. Zusätzlich zu den eventuell angegebenen Parametern fügt OpenVPN die entfernte IP-Adresse und die Portnummer an:

    befehl [optionale parameter] ip_adresse port_nummer

Diese Direktive sollte nur im Client-Modus verwendet werden. Server sollten die client-connect-Direktive verwenden, um auf sich ändernde Client-IP-Adressen zu reagieren.

HINWEIS

Wenn sich die lokale IP-Adresse ändert, z.B. aufgrund von DHCP-Vorgaben, sollte der OpenVPN-Prozess ein SIGUSR1-Signal zugesendet bekommen.

---

port *port*

Gibt den lokalen und entfernten Port für den Tunnel an. Ab Version 2.0 beta 17 ist der Standardport 1194, bei früheren Versionen ist der Standardport 5000.

lport *port*

Gibt den lokalen Port für den Tunnel an.

rport *port*

Gibt den Port am entfernten Rechner für den Tunnel an.

bind `Version 2.1`

Bindet OpenVPN an die lokale Adresse und den angegebenen *lport*. Dies ist das Standardverhalten, es sei denn, eine der

Direktiven `proto tcp-client`, `http-proxy` oder `socks-proxy` ist angegeben.

`nobind`

Gibt an, dass sich OpenVPN nicht an eine lokale IP-Adresse und einen festen Port binden soll. Entsprechend ist diese Option nur für Rechner sinnvoll, die ihre Verbindung über die `remote`-Direktive initiieren.

`dev tunN|tapN|null`

Gibt das virtuelle Netzwerkgerät an, über das der Tunnel aufgebaut werden soll. Das *N* in tun*N* bzw. tap*N* muss durch die entsprechende Nummer des Gerätes ersetzt werden, wenn eine feste Zuordnung bestehen soll. Ansonsten kann auch einfach nur tun bzw. tap angegeben werden, um eine dynamische Zuordnung zu ermöglichen. Beachten Sie, dass auf beiden Enden des Tunnels entweder tun- oder tap-Geräte verwendet werden müssen. Ein Mischen von tun- und tap-Geräten ist aufgrund der unterschiedlichen unterliegenden Protokolle nicht möglich. Grundsätzlich werden tun-Geräte für das Tunneln von IPv4-Paketen verwendet, während tap-Geräte die 802.3 Ethernet-Frames tunneln. Eine Übersicht über die Unterschiede, Vor- und Nachteile von Bridging und Routing wird in Kapitel 8, *Sonstige Überlegungen zum Betrieb* angezeigt. Bei der Angabe von null baut OpenVPN eine Verbindung zur Gegenstelle auf, bevor es die Ausführung abbricht. Hiermit lässt sich schnell testen, ob die grundlegende Konfiguration so weit syntaktisch korrekt ist.

`dev-type tun|tap`

Gibt den verwendeten Gerätetyp an. Benutzen Sie diese Option nur, wenn der Parameter der dev-Direktive nicht mit tun oder tap anfängt.

`topology net30|p2p|subnet` `Version 2.1`

Mit dieser Direktive können Sie angeben, wie die virtuelle Adressierungstopologie bei der Verwendung von tun-Geräten aussehen soll.

Wenn Sie diese Direktive auf einem Server setzen, wird die hier angegebene Einstellung automatisch an die Clients gepusht.

Im `net30`-Modus wird eine Point-to-Point-Topologie verwendet, bei der /30-Subnetze für jeden Client alloziert werden, damit Windows-Clients auch eine vernünftige Verbindung aufbauen können. Dies ist das Standardverhalten, das OpenVPN in der Version 2.0 aufweist.

Der `p2p`-Modus erzeugt eine Point-to-Point-Topologie, in der für jeden Client eine einzelne IP-Adresse alloziert wird. Nutzen Sie diese Option nur, wenn keine Windows-Clients sich mit dem Server verbinden. Dieser Modus löst die `ifconfig-pool-linear`-Direktive der Version 2.0 ab.

Mit dem `subnet`-Modus wird ähnlich dem Bridging-Modus mit tap-Geräten dem virtuellen Netzwerkadapter eine lokale IP-Adresse und eine Subnetz-Adresse zugeordnet. In diesem Modus wird für jeden verbindenden Client eine IP-Adresse alloziert, und das funktioniert auch mit Windows-Clients. Voraussetzung für die Verwendung dieses Modus ist, dass beide Tunnel-Endpunkte mindestens die OpenVPN-Version 2.1 verwenden. Unter Windows muss der TAP-Win32-Treiber mindestens die Version 8.2 haben. Unter Unix-artigen Systemen muss der tun-Treiber ifconfig-Befehle unterstützen, die ein Subnetz auf dem virtuellen Netzwerkadapter einrichten anstelle einer IP-Adresse des entfernten Endpunktes.

`tun-ipv6`

Wird diese Direktive angegeben, so wird ein Tunnel über tun-Geräte aufgebaut, der auch IPv6-Pakete tunneln kann. Ist im Betriebssystem keine Unterstützung für das Tunneln von Ipv6-Paketen vorhanden, wird eine Warnung ausgegeben.

`dev-node` *gerätedatei*

Gibt die zu verwendende Gerätedatei explizit vor, und OpenVPN versucht nicht, die üblichen Stellen im Dateisystem für die tun- und tap-Gerätedateien zu untersuchen. Ist weder 'tun' noch 'tap' im Namen der *gerätedatei* vorhanden, sollte die `dev-type`-Direktive gesetzt werden, da OpenVPN ansonsten den Typ der Gerätedatei nicht bestimmen kann.

Geben Sie unter Windows als *gerätedatei* den Namen des TAP-Win32-Adapters an, der im NETZWERKVERBINDUNGEN-

Dialog der SYSTEMSTEUERUNG angegeben wird, oder die GUID des Adapters in geschweiften Klammern ({}). Sie können unter Windows die show-adapter-Direktive nutzen, um sich eine Liste aller TAP-Adapter mit ihren Namen und GUIDs anzeigen zu lassen.

lladdr *adresse* `Version 2.1`

Mit dieser Direktive können Sie die MAC-Adresse des verwendeten tap-Gerätes setzen.

ifconfig *lokale_ip entfernte_position*

Setzt die Parameter des tun-/tap-Gerätes. Als *lokale_ip* kann auch ein symbolischer Rechnername angewendet werden, sofern dieser in der /etc/hosts-Datei eingetragen ist.

Werden tun-Geräte verwendet, so sollten als *lokale_ip* und *entfernte_position* jeweils private IP-Adressen genutzt werden, deren Adressbereich in keinem angeschlossenen Netzwerk verwendet wird. Die Adressen können aufeinander folgen und sollten auf dem entfernten Rechner in umgekehrter Reihenfolge angegeben sein. Wenn Sie nach dem Tunnelaufbau die IP-Adresse *entfernte_position* anpingen, pingen Sie bereits über den VPN-Tunnel.

Werden tap-Geräte verwendet, so gibt *lokale_ip* eine IP-Adresse und *entfernte_position* die dazugehörige Netzmaske an – so als ob man einen echten Netzwerk-Adapter konfiguriert. Nutzen Sie diese Direktive nicht, wenn Ihr tap-Gerät nach dem Tunnelaufbau eine IP-Adresse über DHCP beziehen wird.

ifconfig-noexec

Ist diese Direktive angegeben, so wird ifconfig nicht wirklich ausgeführt. Stattdessen werden die Parameter der ifconfig-Direktive über Umgebungsvariablen an Skripten weitergegeben. Eine Liste der relevanten Umgebungsvariablen und Skripten finden Sie am Ende dieses Kapitels.

ifconfig-nowarn

Ist diese Direktive angegeben, so werden keine Warnungen ausgegeben, wenn die Parameter der ifconfig-Direktive nicht zu den Parametern der Gegenseite passen. Dies ist nützlich, wenn

Sie die Vorteile der Konsistenzprüfung nutzen wollen und nur die Prüfung der ifconfig-Angaben abschalten möchten.

route *netzwerkadresse* [*netzmaske*] [*gateway*] [*metrik*]
Fügt Routen automatisch zur Routing-Tabelle des Betriebssystems hinzu, nachdem eine Verbindung aufgebaut wurde. Die Routen werden in umgekehrter Reihenfolge wieder gelöscht, bevor das tun- bzw. tap-Gerät geschlossen wird. Die Standardeinstellung für die *netzmaske* ist 255.255.255.255. Die Standardeinstellung für das *gateway* ist der Parameter zur route-gateway-Direktive oder der zweite Parameter der ifconfig-Direktive, wenn ein tun-Gerät genutzt wird. Ab der Version 2.1 wird *metrik* auf den Wert der route-metric-Direktive gesetzt. Ist dieser Wert nicht gesetzt, wird der Wert 0 angenommen.

netzwerkadresse und *gateway* können auch symbolische Rechnernamen sein, die über DNS oder die /etc/hosts-Datei aufgelöst werden können. Außerdem sind die folgenden Schlüsselwörter erlaubt:

vpn_gateway
Das andere Ende des VPN-Tunnels (aus dem Parameter der route-gateway-Direktive oder dem zweiten Parameter der ifconfig-Direktive, wenn ein tun-Gerät genutzt wird).

net_gateway
Das bereits existierende Standardgateway des Rechners.

remote_host
Im Client-Modus die IP-Adresse der Gegenstelle aus der remote-Direktive. Im Server-Modus ist dieses Schlüsselwort nicht definiert.

route-gateway *rechnername*

    Setzt das Standardgateway dieses Rechners auf *rechnername*.

route-metric *metrik* `Version 2.1`

    Gibt eine *metrik* an, die als Standardwert auf den mit route gesetzten Routen genutzt wird.

route-delay [*sekunden*] [*w*]

    Wartet die angegebenen *sekunden* nach einem Verbindungsaufbau, bis die Routen eingerichtet werden. Sind 0 Sekunden angegeben, so werden die Routen sofort nach dem Verbindungsaufbau angelegt. Wird diese Direktive nicht angegeben, so werden die neuen Routen nach dem Verbindungsaufbau angelegt, nachdem die up-Skripten ausgeführt wurden und bevor die root-Rechte über die user- und/oder group-Direktiven abgegeben werden.

    Diese Option ist für Szenarien gedacht, bei denen ein tap-Gerät über DHCP eine IP-Adresse zugewiesen bekommt. Über die Verzögerung kann dem DHCP-Prozess Zeit gegeben werden, um die IP-Zuweisung durchzuführen, bevor die Routen gesetzt werden. Unter Windows versucht OpenVPN, *w* Sekunden darauf zu warten, dass das tap-Gerät initialisiert wird, bevor die Routen angelegt werden. Der Standardwert für *w* sind 30 Sekunden.

route-up *befehl*

    befehl wird ausgeführt, nachdem neue Routen eingeführt wurden. Der angegebene *befehl* kann Kommandozeilenparameter enthalten. Weitere Argumente werden von OpenVPN über Umgebungsvariablen übergeben. Eine Liste aller relevanten Umgebungsvariablen finden Sie am Ende dieses Kapitels.

route-noexec

    Ist diese Direktive angegeben, werden Routen nicht automatisch hinzugefügt oder entfernt. Stattdessen werden die zu behandelnden Routen an den angegebenen Befehl der route-up-Direktive über Umgebungsvariablen zur weiteren Behandlung weitergereicht.

`route-nopull` [Version 2.1]

Wird diese Direktive auf einem Client zusammen mit der `pull`-Direktive angegeben, so werden alle Einstellungen bis auf die Routeninformationen vom Server ausgelesen.

`redirect-gateway` [local] [def1] [Version 2.0]
`redirect-gateway` [local] [def1] [bypass-dhcp] [bypass-dns] [Version 2.1]

Ist diese Direktive angegeben, dann werden Routen eingeführt, so dass der gesamte ausgehende IP-Netzwerkverkehr über den VPN-Tunnel läuft. Dies geschieht in 3 Schritten:

1. Eine statische Route wird für die IP-Adresse angelegt, die in der `remote`-Direktive angegeben ist, so dass der Verkehr an das Standardgateway geschickt wird.

2. Die Route zum Standard-Gateway wird gelöscht.

3. Eine Route wird eingeführt, die die Gegenstelle des VPN-Tunnels zum Standard-Gateway erklärt. Diese IP-Adresse wird entweder aus der `route-gateway`-Direktive ausgelesen oder aus dem zweiten Parameter der `ifconfig`-Direktive, wenn ein `tun`-Gerät genutzt wird.

Beim Abbau des Tunnels werden diese Schritte in umgekehrter Reihenfolge rückgängig gemacht. Sind beide Enden des VPN-Tunnels im selben physikalischen Subnetz (z.B. bei WLAN-Verbindungen), sollten Sie die Option `local` setzen. Hiermit wird Schritt 1 übersprungen. Wird die Option `def1` angegeben, wird der Standardgateway-Eintrag durch Einträge für die Netzwerke 0.0.0.0/1 und 128.0.0.0/1 umgangen. Der originale Routing-Eintrag für die Standardroute bleibt jedoch erhalten. Der Einsatz der `def1`-Option ist empfohlen.

Ab der Version 2.1 stehen noch die Optionen `bypass-dhcp` und `bypass-dns` zur Verfügung. Mit `bypass-dhcp` wird eine direkte Route zum DHCP-Server außerhalb des Tunnels aufgebaut, sofern dieser nicht lokal im LAN steht. Analog baut `bypass-dns` direkte Verbindungen zu nicht-lokalen DNS-Servern auf. Diese Optionen stehen unter Windows zur Verfügung, auf Nicht-Windows-Plattformen waren diese Optionen zu dem Zeitpunkt, als dieses Buch geschrieben wurde, nicht verfügbar.

`link-mtu` *bytes*

Setzt die maximale Größe der UDP-Pakete, die über den Tunnel geschickt werden, auf *bytes*. Verändern Sie diese Größe nur, wenn Sie genau wissen, was Sie tun.

`tun-mtu` *bytes*

Setzt die MTU eines Tunnels über tun-Geräte auf *bytes* und versucht, die Link-MTU daraus abzuleiten. Der Standardwert sind 1500 Bytes. In den meisten Fällen werden Sie diese Einstellung nicht verändern müssen. Da OpenVPN keine Netzwerkpakete für die Steuer- und Datenkanäle fragmentiert, kann es bei falschen MTU-Einstellungen passieren, dass Verbindungen »hängen bleiben«, wenn der Tunnel gerade stark genutzt wird. Versuchen Sie zuerst, die Probleme über die `fragment`- oder `mss-fix`-Direktiven zu beheben, bevor Sie diese Einstellung verändern.

`tun-mtu-extra` *bytes*

Diese Direktive gibt an, wie viele *bytes* zusätzlich zur tun-mtu-Größe bei einem Lesevorgang an einem tun- oder tap-Gerät eingelesen werden könnten. Der Standard ist 0 Bytes für tun-Geräte und 32 Bytes für tap-Geräte. Diese Einstellung beeinflusst nur die Wahl der internen Puffergrößen, es wird kein Tunnel-Overhead durch eine zu große Wahl dieses Wertes eingeführt.

`mtu-disc` yes|maybe|no

Gibt an, ob eine sogenannte Path MTU Discovery durchgeführt werden soll. Diese Direktive wird nur auf den Betriebssystemen unterstützt, die die notwendigen Systemaufrufe zur Verfügung stellen (z.B. Linux). yes gibt an, dass das DF-Flag (Don't Fragment-)Flag immer auf Pakete gesetzt wird, bei dem Wert no wird das DF-Flag nie gesetzt. maybe gibt an, dass das DF-Flag für jede Route separat gesetzt wird.

`mtu-test`

Ist diese Direktive angegeben, so schickt OpenVPN nach dem Tunnelaufbau Ping-Pakete unterschiedlicher Größe über den Tunnel und misst das größte Paket, das erfolgreich empfangen wurde. Der Test dauert normalerweise ca. 3 Minuten.

fragment *bytes*

Ist diese Direktive gesetzt, so werden UDP-Pakete, die größer als *bytes* sind, OpenVPN-intern fragmentiert. Diese Direktive ist als letzte Möglichkeit gedacht, um einen UDP-Tunnel zum Laufen zu bringen, wenn die Path MTU Discovery defekt ist, und sie hat einige Nachteile: Zum einen werden je Paket 4 Bytes Overhead hinzugefügt, zum anderen ist die interne Fragmentierung von OpenVPN weitaus weniger effizient als der Fragmentierungsmechanismus des Betriebssystems. Sie sollten zuerst versuchen, die Path MTU Discovery hinzubekommen, bevor Sie sich mit dieser Lösung zufrieden geben. Es gibt jedoch Fälle, in denen nur diese Direktive helfen kann, z.B. bei Multicast-UDP-Streams.

mssfix [*bytes*]

Diese Direktive veranlasst TCP-Verbindungen, die über den Tunnel laufen, ihre maximale Paketgröße so zu wählen, dass das resultierende umschließende UDP-Paket von OpenVPN maximal *bytes* groß ist. Entsprechend macht die Verwendung dieser Direktive nur Sinn, wenn UDP als Transportprotokoll des VPN-Tunnels genutzt wird.

Die mssfix- und fragment-Direktiven sind so konzipiert, dass sie zusammen genutzt werden sollten. mssfix versucht, die TCP-Pakete klein genug zu halten. Kommt dennoch ein zu großes TCP-Paket durch, so wird das Paket durch fragment noch zurechtgestutzt. Werden die fragment- und mssfix-Direktiven zusammen genutzt, so verwendet mssfix den Wert der fragment-Direktive als Standardwert.

Für einen ersten Test, ob man ein MTU-Problem hat, reduziert man die maximale Größe der UDP-Pakete auf 1300 Bytes:

```
--tun-mtu 1500 --fragment 1300 --mssfix
```

sndbuf *bytes*

Setzt den Sendepuffer von TCP- und UDP-Sockets auf *bytes*. Der Standardwert ist 65536 Bytes.

rcvbuf *byes*

Setzt den Empfangpuffer von TCP- und UDP-Sockets auf *bytes*. Der Standardwert ist 65536 Bytes.

socket-flags TCP_NODELAY `Version 2.1`

> Diese Direktive setzt die angegebenen Flags auf den Transport-Socket von OpenVPN. Aktuell wird nur TCP_NODELAY unterstützt. Wird TCP_NODELAY gesetzt, so werden Daten nicht lokal gepuffert, bis genug Daten für ein Netzwerkpaket gesammelt worden sind. Dies kann insbesondere bei interaktiven Login-Sessions mit telnet oder ssh eine erhebliche Verbesserung der Latenzzeit bedeuten. Wenn Sie diese Option verwenden, sollten Sie sie sowohl auf dem Server als auch auf dem Client setzen, um den maximalen Effekt zu erzielen. Diese Direktive kann per push an den Client weitergegeben werden.

txqueuelen *anzahl*

> Setzt die Sende-Queuelänge des tun- oder tap-Gerätes auf die angegebene *anzahl*. Der Standardwert sind 100 Pakete. Diese Direktive wird nur unter Linux unterstützt.

shaper *bytes_pro_sekunde*

> Über diese Direktive kann ein Traffic-Shaping des VPN-Tunnels realisiert werden: OpenVPN versucht, im Durchschnitt maximal *bytes_pro_sekunde* nach außen zu versenden. Um auch den einkommenden Datenfluss zu reduzieren, müssen Sie diese Direktive auch auf der Gegenseite des Tunnels einführen.

> Die von OpenVPN verwendete Methode zum Traffic-Shaping ist wie folgt: Nachdem ein Paket mit *n* Bytes verschickt wurde, wird *n/bytes_pro_sekunde* Sekunden lang gewartet, bis das nächste Paket geschickt wird.

> Da es möglich ist, mehrere Tunnel zwischen denselben zwei Rechnern aufzubauen, können so Tunnel mit verschiedenen Durchsatzraten für verschiedene Aufgaben aufgebaut werden. Beachten Sie, dass bei Tunneln mit sehr geringer Bandbreite (unter 1000 Bytes pro Sekunde) sehr wahrscheinlich auch die MTU-Größe verringert werden muss, da die Latenzzeiten sonst so groß werden können, dass TLS- oder TCP-Timeouts eintreten können.

> *bytes_pro_sekunde* kann zwischen 100 und 100.000.000 gewählt werden (100 Bytes/s bis 100 MBytes/s).

---

inactive *sekunden* `Version 2.0`
inactive *sekunden [bytes]* `Version 2.1`

> Achtung: Diese Direktive ist in der Version 2.0 experimentell! Ist diese Direktive angegeben, schließt OpenVPN den Tunnel, wenn seit mehr als den angegebenen *sekunden* kein Paket mehr von dem tun- oder tap-Gerät empfangen wurde.
>
> Ab der OpenVPN-Version 2.1 kann noch optional eine Anzahl von *bytes* angegeben werden. Fließen in *sekunden* weniger als die angegebene Anzahl an *bytes*, wird die Verbindung abgebaut.

ping *sekunden*

> Ist diese Direktive angegeben, so wird die Gegenstelle des Tunnels angepingt, wenn in den letzten *sekunden* keine Pakete über den Tunnel empfangen wurden. Beachten Sie, dass dies keine IP-Pings sind, sondern OpenVPN-Pings, auf die kein Antwortpaket geschickt wird. Wenn Sie Pings in beide Richtungen brauchen, sollte diese Direktive auch an beiden Endpunkten des Tunnels angegeben werden.
>
> Wird ein sicherer Tunnel-Modus (über die secret-, tls-server- oder tls-client-Direktive) verwendet, so sind die Ping-Pakete kryptographisch abgesichert.
>
> 1. Diese Direktive hat zwei Zwecke:
>
>   Um »Stateful Firewalls« (also »zustandsbehaftete« Firewalls, die sich den Status ihrer Verbindungen merken), die sich zwischen den Tunnelendpunkten befinden können, zu zeigen, dass die Verbindung noch benutzt wird und weiter offen gehalten werden soll.
>
> 2. Um in Verbindung mit der ping-exit-Direktive zu testen, ob die Gegenstelle noch ansprechbar ist.

ping-exit *sekunden*

> Ist diese Direktive angegeben und wurde seit den angegebenen *sekunden* weder ein Daten- noch ein Ping-Paket über den Tunnel empfangen, so wird OpenVPN beendet. Werden ping, ping-exit und inactive in Kombination genutzt, so kann eine gestaffelte Beendigung des Tunnels implementiert werden:
>
> ```
> --inactive 3600 --ping 10 --ping-exit 60
> ```

beendet den Tunnel, wenn 60 Sekunden lang weder Daten noch ein Ping von der Gegenseite empfangen wurde. Der Tunnel wird nach einer Stunde beendet, wenn keine Daten empfangen wurden.

Beachten Sie, dass die ping-exit- und ping-restart-Direktiven sich gegenseitig ausschließen.

ping-restart *sekunden*

    Ähnlich der ping-exit-Direktive, allerdings wird der Tunnel nach der angegebenen Anzahl der *sekunden* an Inaktivität durch ein simuliertes SIGUSR1-Signal neu gestartet, und der Rechnername, der in der remote-Direktive angegeben wird, wird neu aufgelöst. Diese Direktive ist sinnig, wenn die Gegenstelle eine dynamische IP-Adresse hat und sich die IP-Adresse des in der remote-Direktive angegebenen Hosts häufig ändern kann (z.B. wenn der Dienst von *dyndns.org* genutzt wird).

    Beachten Sie, dass im Server-Modus selbst generierte Signale nur auf einzelne Tunnel angewendet werden, nicht auf den ganzen Server. Ferner werden im Server-Modus Tunnel, die ein Neustart-Signal erhalten, gelöscht.

    Der Standardwert für den Client sind 120 Sekunden bzw. entspricht dem Wert der keepalive-Direktive auf dem Server, sofern diese eingerichtet wurde. Sie können diese Direktive abstellen, indem Sie den Wert auf 0 setzen.

    Beachten Sie, dass die ping-exit- und ping-restart-Direktiven sich gegenseitig ausschließen.

keepalive *n m*

    Diese Direktive ist als Helfer für die Verwendung der ping- und ping-restart-Direktiven gedacht. Im Client-Modus entspricht diese Direktive den Direktiven ping *n* und ping-restart *m*. Im Server-Modus wird lokal ping *n* und ping-restart 2*m gesetzt, und an den Client werden die Einstellungen ping 10 und ping-restart *m* gesendet.

ping-timer-rem

    Ist diese Direktive angegeben, werden die ping-exit- und ping-restart-Timeouts erst mit einer einkommenden Verbindung

---

gestartet. Diese Direktive macht nur im Server-Modus ohne explizite remote-Adressen Sinn.

persist-tun

Ist diese Direktive angegeben, wird bei einem Tunnel-Neustart über ein SIGUSR1-Signal oder die ping-restart-Direktive das entsprechende tun- oder tap-Gerät offen gehalten und nicht geschlossen und neu geöffnet.

persist-key

Ist diese Direktive angegeben, wird bei einem Tunnel-Neustart die Schlüsseldatei nicht neu eingelesen. Diese Option ist sinnvoll, wenn der OpenVPN-Prozess nach dem Tunnelaufbau seine root-Rechte abgibt. Da nur root die Schlüsseldatei lesen kann, wäre sonst ein Neustart des Tunnels nicht möglich.

persist-local-ip

Behält die lokale IP-Adresse und den Port des Tunnelendes über einen Tunnel-Neustart hinweg bei.

persist-remote-ip

Behält die zuletzt erfolgreich authentifizierte IP-Adresse des Rechners des anderen Tunnelendes über einen Neustart hinweg bei.

mlock

Ist diese Direktive angegeben, verhindert OpenVPN, dass seine Prozesse auf Swap-Speicher ausgelagert werden. Hierdurch steigt die Sicherheit, da ein Angreifer mit Zugang zum lokalen System den Swap-Speicher nach Schlüsselmaterial durchsuchen kann. Damit diese Direktive genutzt werden kann, muss Open-VPN anfangs als root-Benutzer gestartet werden. Die Rechte können aber über die user-Direktive wieder abgegeben werden.

up befehl

Gibt einen befehl an, der ausgeführt wird, nachdem das tun- oder tap-Gerät erfolgreich geöffnet wurde und bevor die root-Rechte über eine user-Direktive abgegeben werden. Der angegebene befehl wird in einer Shell ausgeführt und kann Kommandozeilenargumente enthalten. Üblicherweise wird dieser Befehl dazu genutzt, um spezifische Routen einzurichten.

Für tun-Tunnel wird der Befehl wie folgt ausgeführt:

```
befehl tun-gerät tun-mtu link-mtu lokale-ip entfernte-ip
[init|restart]
```

Für tap-Tunnel hingegen wie folgt:

```
befehl tap-gerät tap-mtu link-mtu lokale-ip netzmaske
[init|restart]
```

Weitere Parameter können über Umgebungsvariablen an den *befehl* weitergereicht werden. Eine Liste der Umgebungsvariablen finden Sie am Ende dieses Kapitels. Wenn die ifconfig-Direktive genutzt wird, benötigen Sie kein explizites up-Skript, es sei denn, Sie wollen noch explizite Routen setzen.

up-delay

Ist diese Direktive angegeben, so wird das Öffnen der tun- bzw. tap-Gerätedatei sowie die Ausführung von up-Skripten verzögert, bis die Netzwerkverbindung erfolgreich aufgebaut wurde.

Wird das UDP-Protokoll genutzt, so sollten Sie auch die ping-Direktive nutzen, damit OpenVPN den erfolgreichen Aufbau des Tunnels feststellen kann. Dies ist nötig, da das UDP-Protokoll eigentlich verbindungslos ist.

Unter Windows wird die Änderung des Zustandes des TAP-Adapters auf »verbunden« so lange verzögert, bis das erste authentifizierte Paket über den Tunnel empfangen wurde.

down *befehl*

Analog zum *befehl* der up-Direktive wird dieser Befehl nach dem Abbau des Tunnels und dem Schließen der tun- bzw. tap-Gerätedatei ausgeführt. Beachten Sie, dass der *befehl* mit den Rechten des Prozesses läuft. Das heißt, wenn Sie die user- oder group-Direktive verwenden, wird *befehl* mit diesen Rechten ausgeführt.

down-pre

Führt den *befehl* der down-Direktive aus, nachdem der Tunnel beendet wurde, aber bevor die tun- bzw. tap-Gerätedatei geschlossen wird, anstatt danach.

`up-restart`

Ist diese Direktive gesetzt, so werden die Befehle der up- und down-Direktiven auch für einen Tunnel-Neustart ausgeführt.

`setenv` *umgebungsvariable* `wert`

Setzt den Wert der angegebenen *umgebungsvariable* auf *wert* und reicht diese an ausgeführte Skripten weiter.

`setenv-safe` *umgebungsvariable* `wert` `Version 2.1`

Setzt eine Umgebungsvariable namens OPENVPN_*umgebungsvariable* auf *wert*. Diese Umgebungsvariablen sind dazu vorgesehen, vom Server an Clients gepusht zu werden. Dadurch, dass OPENVPN_ vor den Namen der Umgebungsvariable gesetzt wird, sollen Angriffe von kompromittierten Servern auf Clients verhindert werden.

`disable-occ`

Ist diese Direktive gesetzt, werden keine Warnmeldungen ausgegeben, wenn sich die Direktiven der beiden Tunnelendpunkte widersprechen. Es wird empfohlen, diese Direktive möglichst nicht zu nutzen. Sie kann jedoch kurzfristig nötig sein, wenn unterschiedliche OpenVPN-Versionen verbunden werden.

`user` *benutzer*

Ist diese Direktive gesetzt, so gibt der OpenVPN-Prozess nach dem erstmaligen Initialisieren seine root-Rechte ab und läuft mit den Rechten des *benutzers* weiter. Erst hiernach werden Netzwerkverbindungen akzeptiert. Dies erhöht die Systemsicherheit, da ein Angreifer, der eine Lücke im OpenVPN-Prozess findet, dann nur mit den Rechten des *benutzers* auf den Rechner zugreifen kann.

Allerdings kann diese Option die Ausführung von Skripten behindern, wenn in ihnen privilegierte Befehle ausgeführt werden. Ferner ist ein neues Öffnen der tun- oder tap-Gerätedatei meist nicht möglich, so dass ein Tunnel-Neustart nicht ohne Weiteres möglich ist. In diesen Fällen sollten Sie eine oder mehrere der persist-Direktiven nutzen, um diese Limitierungen so weit es geht zu umgehen.

group *gruppe*

> Analog zur user-Direktive wird hier die Gruppen-ID des Open-VPN-Prozesses nach der Tunnel-Initialisierung auf die ID der angegebenen *gruppe* gesetzt.

cd *pfad*

> Diese Direktive veranlasst den OpenVPN-Prozess dazu, in das Verzeichnis *pfad* zu wechseln, bevor irgendwelche Konfigurationsdateien, Schlüsseldateien oder Skripten eingelesen werden. *pfad* sollte ein absoluter Pfad mit führendem / sein. Relative Pfadangaben mit . oder .. sind nicht erlaubt. Diese Direktive macht Sinn, wenn OpenVPN mit --daemon gestartet wird und Sie Ihre ganzen Steuerungsdateien und -skripten an einer Stelle sammeln wollen.

chroot *pfad*

> Ist diese Direktive angegeben, so führt der OpenVPN-Prozess nach der Prozess-Initialisierung ein chroot auf den angegebenen *pfad* aus. Dieser *pfad* ist danach für den Prozess das neue Wurzelverzeichnis – alle Verzeichnisse außerhalb des angegebenen Pfades sind für den OpenVPN-Prozess nicht mehr erreichbar. Aus Sicht der Systemsicherheit ist die Verwendung dieser Direktive sehr zu empfehlen.

> Da die Ausführung des chroot-Befehls erst nach der Initialisierung des Prozesses stattfindet, werden die meisten Skripten aus dem originalen Verzeichnisbaum gelesen. Dies kann bei einem Neustart eines Tunnels zu Problemen führen, da eventuell notwendige Dateien und Skripten nach dem chroot nicht mehr für den Prozess erreichbar sind.

daemon [*name*]

> Wird diese Direktive verwendet, so wird OpenVPN zu einem Daemon-Prozess (analog zu einem Dienst unter Windows) nach der Prozess-Initialisierung. Sobald die Direktive von OpenVPN eingelesen wird, werden alle Meldungen und Fehlerausgaben an den Syslog-Dienst geschickt und von diesem verwaltet – mit Ausnahme der Ausgaben der Skripten. Ausgaben von Skripten und den ifconfig-Befehlen werden direkt verworfen, es sei denn, die Ausgaben werden explizit in den Skripten

umgeleitet. Diese Behandlung der Ausgaben passiert direkt nach dem Einlesen der Direktive, noch bevor die Daemonisierung an sich stattgefunden hat. Wird eine `log`-Direktive verwendet, so überstimmt deren Einstellung die Weiterleitung der Meldungen an den Syslog-Dienst. Der optionale *name* gibt an, wie der daemonisierte OpenVPN-Prozess vom Syslog-Dienst genannt wird. Dieser Name wird als Prozessname in jedem Log-Eintrag aufgeführt, der vom Syslog-Dienst protokolliert wird. Ist *name* nicht angegeben, wird openvpn als Standardwert verwendet.

syslog [*name*]

Leitet alle Meldungen und Fehlermeldungen des OpenVPN-Prozesses an den Syslog-Dienst weiter, aber ohne dass eine Daemonisierung des OpenVPN-Dienstes stattfindet. Ausgaben von Skripten werden nicht an den Syslog-Dienst geleitet. Der optionale *name* gibt an, mit welchem Prozessnamen die Meldungen des OpenVPN-Prozesses in den Log-Meldungen identifiziert wird. Ist *name* nicht angegeben, wird openvpn als Standardwert verwendet.

log *datei*

Schreibt Ausgaben und Fehlermeldungen in die angegebene *datei*, inklusive aller Ausgaben von aufgerufenen Skripten, sobald diese Direktive eingelesen wird. Die *datei* wird überschrieben, sofern sie bereits existiert. Diese Direktive erhält Vorrang vor den daemon- und inetd-Direktiven. Ferner ist die Auswirkung über die gesamte Lebenszeit des OpenVPN-Prozesses wirksam und wird durch einen Tunnel-Neustart nicht zurückgesetzt. Beachten Sie, dass das Protokollieren unter Windows bereits standardmäßig aktiv ist, wenn OpenVPN als Dienst gestartet wird.

log-append *datei*

Analog zur log-Direktive, allerdings wird *datei* nicht überschrieben, wenn sie bereits existiert. Stattdessen werden die Meldungen an das Ende der *datei* angehängt.

suppress-timestamps

Diese Direktive unterdrückt das Voranstellen von Zeitstempeln an Ausgaben.

passtos

> Wird diese Direktive angegeben, so wird das TOS-Feld des Tunnelpakets auf den Wert des TOS-Feldes des enthaltenen Datenpakets gesetzt.

inetd [wait|nowait] [name]

> Verwenden Sie diese Direktive, wenn Sie den OpenVPN-Dienst über inetd oder xinetd starten. Der erste Parameter muss mit der Einstellung in der inetd-Konfigurationsdatei übereinstimmen.

> nowait ist nur bei der Verwendung des TCP-Protokolls erlaubt und ermöglicht die Behandlung von einkommenden VPN-Verbindungen wie bei einem regulären Netzwerkdienst.

> wait ist der Standardwert. Wird wait genutzt, so benötigt jeder Tunnel einen separaten Port auf dem lokalen Rechner und daraus folgend auch jeweils einen eigenen Eintrag in der inetd-Konfigurationsdatei.

> Die Verwendung dieser Direktive schließt die Verwendung der Direktiven daemon, local und remote aus. Ferner werden die Meldungen des OpenVPN-Prozesses analog zur daemon-Direktive an den Syslog-Dienst weitergereicht.

mute anzahl

> Protokolliert maximal anzahl gleiche Meldungen mit. Nützlich, um Log-Dateien vor dem Überfluten mit derselben Log-Meldung zu bewahren.

writepid datei

> Schreibt die Prozess-ID des OpenVPN-Hauptprozesses in die angegebene datei.

nice n

> Setzt die Prozesspriorität des OpenVPN-Prozesses nach der Initialisierung auf n.

fast-io

> Diese Direktive ist zurzeit noch experimentell. Wird diese Direktive angegeben, so prüft OpenVPN vor dem Schreiben an die Netzwerkgeräte nicht, ob das jeweilige Gerät bereit ist,

Daten zu senden. Dies kann die CPU-Effizienz des Prozesses auf Betriebssystemen, die die Prüfung nicht unterstützen, um 5% bis 10% verbessern. Diese Direktive kann nur auf Nicht-Windows-Systemen mit dem UDP-Protokoll verwendet werden, solange die shaper-Direktive nicht angegeben ist.

echo [*parameter...*]

Gibt die angegebenen *parameter* an die Log-Datei aus. Damit kann beispielsweise eine Anwendung gesteuert werden, die die OpenVPN-Skripten auswertet und auf gewisse Ausgaben reagiert.

remap-usr1 SIGHUP|SIGTERM

Mit dieser Direktive kann bestimmt werden, ob der nach einer Verbindungsunterbrechung intern generierte SIGUSR1 für den Tunnel-Neustart auf SIGHUP oder SIGTERM umgeleitet werden soll. Mit SIGHUP wird der Tunnel neu aufgebaut, ohne dass Daten oder Optionen persistiert werden. SIGTERM beendet den OpenVPN-Prozess. Standardmäßig wird SIGUSR1 nicht umgeleitet. Hierbei wird der Tunnel neu aufgebaut, wobei versucht wird, möglichst viele Daten persistent zu halten.

verb *n*

Gibt an, wie ausführlich OpenVPN protokollieren soll, was gerade passiert. Je höher der Wert ist, desto mehr Informationen werden ausgegeben.

0: Keine Ausgabe außer bei Fehlern, die den Prozess beenden.

1-4: Normaler Ausgabebereich.

5: Gibt die Buchstaben R bzw. W an die Konsole für jedes gelesene bzw. geschriebene Paket aus. Großbuchstaben werden für TCP- oder UDP-Pakete genutzt, Kleinbuchstaben für tun- oder tap-Pakete.

6-11: Debug-Ausgaben.

Der Standardwert ist 1. Um möglichst genau zu sehen, was gerade passiert, ohne von Debug-Ausgaben überflutet zu werden, sollten Sie den Wert 3 einstellen.

status *datei* [*sekunden*]

Schreibt den Status des OpenVPN-Prozesses alle *sekunden* in die angegebene *datei*. Durch das Senden des SIGUSR2-Signals kann auch die sofortige Ausgabe des Prozess-Status an den Syslog-Dienst veranlasst werden. Werden keine *sekunden* angegeben, so wird der Status alle 60 Sekunden ausgegeben. Das Format der Einträge wird in der Beschreibung der Direktive status-version aufgeführt.

status-version 1|2

Diese Direktive gibt das Format der Statusausgabe an. In der Version 1 wird für jeden verbundenen Client der *Common Name* (CN) die IP-Adresse des Clients, die Anzahl der empfangenen und gesendeten Bytes und der Zeitpunkt des Verbindungsaufbaus angezeigt. Für die Routing-Tabellen werden die virtuelle Adresse des Clients, der CN, die echte IP-Adresse des Clients und der letzte Zugriff ausgegeben. In der Status-Version 2 wird in der Client-Liste zusätzlich zu den Informationen der Status-Version 1 noch die virtuelle (Tunnel-)IP-Adresse des Clients ausgegeben sowie der Zeitpunkt des Verbindungsaufbaus als Unix-Zeitstempel. Bei den Routing-Tabellen wird zusätzlich zu den Informationen der Status-Version 1 noch der Zeitpunkt des letzten Zugriffs als Unix-Zeitstempel ausgegeben.

comp-lzo `Version 2.0`
comp-lzo [yes|no|adaptive] `Version 2.1`

Ist diese Direktive angegeben, wird versucht, die Daten mit dem LZO-Verfahren zu komprimieren. Sind die Daten nicht komprimierbar, kann das Paket um ein Byte wachsen.

Ab der Version 2.1 kann optional angegeben werden, ob die Komprimierung immer aktiviert (yes), immer deaktiviert (no) oder aufgrund von Stichproben (adaptive) der übertragenen Daten aktiviert und deaktiviert wird (adaptive).

Diese Option kann in der Version 2.1 auch an spezielle Clients gepusht werden, sofern bei den Clients eine comp-lzo-Direktive angegeben ist.

`comp-noadapt`

Ist diese Direktive angegeben, so wird die adaptive Kompression der `comp-lzo`-Direktive deaktiviert. Bei der adaptiven Kompression werden in gewissen zeitlichen Abständen die Daten, die über den Tunnel fließen, auf Komprimierbarkeit getestet. Sind die Daten nicht komprimierbar, da sie z.B. bereits Teil eines komprimierten Archivs sind, das übertragen wird, so wird die Komprimierung bis zur nächsten Stichprobe deaktiviert.

`management` *ip-adresse*|`tunnel` *port* [*datei*|`stdin`]

Diese Direktive aktiviert ein Management-Interface, das als TCP-Dienst unter der angegebenen *ip-adresse* und dem angegebenen *port* erreichbar ist. Wird anstelle einer IP-Adresse das Schlüsselwort `tunnel` angegeben, kann das Interface mittels `telnet` über den VPN-Tunnel angesprochen werden.

datei muss auf der ersten Zeile ein Passwort enthalten. Clients, die sich mit dem Management-Interface verbinden, müssen dieses Passwort angeben, damit ihnen der Zugang gewährt wird. Anstelle einer Datei kann auch `stdin` angegeben werden. In diesem Fall wird das Passwort von der Standardeingabe gelesen.

Obwohl das Management-Interface für Programme konzipiert wurde, kann es auch direkt interaktiv genutzt werden. Hierzu verbindet man sich mit `telnet` im raw-Modus mit der konfigurierten IP-Adresse und dem Port. Mehr Informationen zum Management-Interface finden Sie in Kapitel 4, *Das Management-Interface*.

Es wird empfohlen, die IP-Adresse auf 127.0.0.1 zu setzen, damit nur lokale Prozesse Zugriff auf das Management-Interface erlangen können.

`management-query-passwords`

Fragt im Management-Interface des Tunnels nach dem Passwort für die privaten Schlüssel sowie nach den Benutzernamen/Passwort-Kombinationen der `auth-user-pass`-Direktive. Die Abfragen, die normalerweise an die Konsole gehen würden, werden in das Management-Interface umgeleitet. Dies ermöglicht es Programmen, die Anfragen abzufangen und die Anfragen ihrerseits zu behandeln (z.B. für grafische Frontends).

`management-hold`

Mit diesem Befehl kann OpenVPN im `hold`-Zustand gestartet werden. Hierbei fällt der Prozess in einen Schlafmodus und akzeptiert so lange keine Verbindungen, bis ein `hold release`-Befehl über das Management-Interface erteilt wird.

`management-log-cache` *anzahl*

Speichert maximal *anzahl* Zeilen der Protokolldatei für die Verwendung innerhalb des Management-Interfaces zwischen.

`plugin` *module-pfadname* [*init-string*]

Mit dieser Direktive kann ein Plugin in den OpenVPN-Prozess geladen werden. Dem Plugin wird dabei *init-string* zur Initialisierung übergeben. Diese Direktive kann mehrfach angegeben werden, um mehrere Plugins zu laden.

Es können mehrere Plugins für dasselbe Ereignis geladen werden. Sie werden dann in der Reihenfolge aufgerufen, in der ihre Direktiven angegeben sind. Ferner können Plugins und Skripten für dasselbe Ereignis konfiguriert werden – in diesem Fall wird das Skript nach dem Plugin aufgerufen. Werden Module zur Authentifizierung genutzt, müssen alle Plugins in der Authentifizierungskette OK (also 0) zurückgeben, damit die Authentifizierung erfolgreich ist.

Direktiven für den Client-Modus

Der Client-Modus sollte verwendet werden, um sich mit einem OpenVPN-Server zu verbinden, der mit den `server`-, `server-bridge`- oder `mode server`-Direktiven konfiguriert wurde.

`client`

Dies ist eine Helfer-Direktive, mit der die Konfiguration eines Clients vereinfacht werden kann. Die Direktive ist äquivalent zu:

```
pull
tls-client
```

`pull`

Über diese Direktive kann der Server Konfigurationen an den Client schieben, insbesondere Einträge in die Routing-Tabelle des Betriebssystems. Da bei einem Multi-Client-Server der Server einen Grundstock an Routen an den Client senden muss, ist diese Direktive für Client/Server-Konfigurationen notwendig. Eine Liste der Direktiven, die ein Server zu einem Client schieben kann, ist in der Beschreibung der push-Direktive aufgeführt.

`auth-user-pass [datei]`

Ist diese Direktive angegeben, versucht sich der OpenVPN-Client mittels einer Benutzername/Passwort-Kombination gegenüber dem Server zu authentifizieren. Die optionale *datei* gibt eine Datei an, die in den ersten zwei Zeilen den Benutzernamen und das Passwort enthält. Ist *datei* nicht angegeben, so fragt OpenVPN nach den Daten über die Konsole. Beachten Sie, dass diese Direktive nur dann zur Verfügung steht, wenn OpenVPN mit –enable-password-save zur Kompilierungszeit konfiguriert wurde, bzw. unter Windows, wenn ENABLE_PASSWORD_SAVE in config-win32.h definiert wurde.

`auth-retry none|nointeract|interact`

Der Wert dieser Direktive steuert das Verhalten von OpenVPN, wenn eine Benutzername/Passwort-Kombination vom Server zurückgewiesen wurde bzw. wenn das Passwort des privaten Schlüssels falsch angegeben wurde. Ist none angegeben, beendet sich der OpenVPN-Prozess mit einer Fehlermeldung. Der Wert nointeract gibt an, dass der Client dieselbe Kombination noch mal probiert, ohne auf der Konsole nach einer neuen Kombination zu fragen. Dieser Wert ist für nicht beaufsichtigte Clients gedacht. Mit interact fragt OpenVPN auf der Konsole noch mal nach einer neuen Benutzername/Passwort-Kombination.

`explicit-exit-notify [anzahl]`

Ist diese Direktive im UDP-Client- oder Point-to-Point-Modus angegeben, so wird bei der Beendigung des OpenVPN-Prozesses oder bei einem Tunnel-Neustart eine explizite Meldung an die Gegenstelle gesendet. Dies veranlasst die Gegenstelle, den Tunnel sofort abzubauen, anstatt auf einen Timeout zu warten. Der optionale *anzahl*-Parameter gibt an, wie häufig das Senden der Mitteilung versucht werden soll, wenn die Übertragung fehlschlägt. Der Standardwert ist 1.

Direktiven für den Server-Modus

Ab der Version 2.0 unterstützt OpenVPN einen Server-Modus, in dem alle Clientverbindungen über einen einzigen Port ankommen und durch ein einziges tun- bzw. tap-Gerät geroutet werden. Eine TLS- oder SSL-Authentifizierung ist hierbei Pflicht. Der Modus ist für Skalierbarkeit entworfen worden und sollte Hunderte oder gar Tausende von Clients behandeln können, sofern die Hardware hinreichend leistungsfähig ist. Dieser Modus kann über die Direktive --mode server eingeschaltet werden.

server *netzwerk netzmaske*

Dies ist eine Helfer-Direktive zur einfachen Konfiguration des Server-Modus. Clients, die sich mit dem Server verbinden, erhalten eine IP-Adresse aus dem angegebenen *netzwerk* mit der *netzmaske*. Wenn Sie ein Netzwerk-Bridging nutzen, verwenden Sie anstelle dieser Direktive die Direktive server-bridge. Der Server an sich reserviert sich die erste IP-Adresse des Netzwerks für den lokalen Tunnelendpunkt. Die Direktive server 192.168.1.0 255.255.255.0 wird bei der Verwendung von tun-Geräten ohne client-to-client-Direktive wie folgt expandiert:

```
mode server
tls-server
ifconfig 192.168.1.1 192.168.1.2
ifconfig-pool 192.168.1.4 192.168.1.251
route 192.168.1.0 255.255.255.0
push "route 192.168.1.0"
```

Bei der Verwendung von tun-Geräten mit der client-to-client-Direktive:

```
mode server
tls-server
ifconfig 192.168.1.1 192.168.1.2
ifconfig-pool 192.168.1.4 192.168.1.251
route 192.168.1.0 255.255.255.0
push "route 192.168.1.0 255.255.255.0"
```

Und bei der Verwendung von tap-Geräten:

```
mode server
tls-server
ifconfig 192.168.1.0 255.255.255.0
ifconfig-pool 192.168.1.2 192.168.1.254 255.255.255.0
push "route gateway 192.168.1.1"
```

`server-bridge` *gateway netzmaske pool-start-IP pool-end-IP*

Dies ist eine Helfer-Direktive ähnlich wie die server-Direktive, um das Einrichten eines Netzwerk-Bridging zu vereinfachen. Zunächst müssen Sie über Ihr Betriebssystem eine Ethernet-Bridge zwischen dem tap-Gerät und Ihrem LAN einrichten. Dann müssen Sie die IP-Adresse und die Netzmaske für das Bridge-Interface manuell setzen. *gateway* und *netzmaske* können entweder auf die Werte des Bridge-Interface oder auf die Werte der Netzwerkeinstellungen auf dem Standard-Gateway des gebridgten Netzwerkes gesetzt werden. Schließlich muss für das gebridgte Subnetz ein Bereich von IP-Adressen angegeben werden, die OpenVPN den verbundenen Clients zuweist. Dieser wird über die Parameter *pool-start-IP* und *pool-end-IP* zugewiesen.

Die Direktive server-bridge 192.168.1.16 255.255.255.0 192.168.1.128 192.168.1.254 wird wie folgt expandiert:

```
mode server
tls-server
ifconfig-pool 192.168.1.128 192.168.1.254 255.255.255.0
push "route-gateway 192.168.1.16"
```

`push` *"option"*

Mit Hilfe dieser Direktive können Konfigurationsparameter während des Verbindungsaufbaus an Clients übertragen werden. Beachten Sie, dass die Option in Anführungszeichen gesetzt werden muss. Außerdem muss der Client eine entsprechende pull-Direktive eingerichtet haben. Die Auswahl der push-baren Optionen wird durch Sicherheitsbedenken und grundsätzliche Machbarkeit beschränkt: Direktivenn die Skripten ausführen, sind aus Sicherheitsgründen nicht erlaubt, da so über einen kompromittierten Server beliebiger Code auf den Clients ausgeführt werden kann. MTU- oder TLS-Optionen müssen dem Client bereits vor der Verbindung bekannt sein und machen somit im push-Kontext so keinen Sinn. Die folgenden Optionen können gepusht werden:

route, route-gateway, route-delay, redirect-gateway, ip-win32, dhcp-option, inactive, ping, ping-exit, ping-restart, setenv, persist-key, persist-tun und echo.

Ferner sind unter der Version 2.1 die folgenden Optionen zusätzlich pushbar: `comp-lzo`, `socket-flags`, `sndbuf` und `rcvbuf`.

`push-reset`

Ist diese Direktive gesetzt, so wird die globale push-Liste nicht an den aktuellen Client vererbt. Diese Direktive macht in einem client-spezifischen Kontext wie z.B. in einem Konfigurationsverzeichnis einer `client-config-dir`-Direktive oder in einem `client-connect`-Skript Sinn.

`disable`

Ist diese Direktive angegeben, kann sich der aktuelle Client nicht mit dem Server verbinden. Diese Direktive ist in einem client-spezifischen Kontext wie in einem Konfigurationsverzeichnis einer `client-config-dir`-Direktive oder einem `client-connect`-Skript sinnvoll. Verwenden Sie diese Direktive nicht, um einen Client mit kompromittierten Schlüsseln auszuschließen. Nutzen Sie stattdessen eine *Certificate Revocation List* (CRL), aslo eine Zertifikatssperrliste Der Aufbau und die Verwendung von CRLs wird in Kapitel 5, *Authentifizierung und Zertifikatsverwaltung*.

`ifconfig-pool` *start-IP end-IP* [*netzmaske*]

Mit dieser Direktive können Sie einen IP-Adressbereich von *start-IP* bis *end-IP* für sich verbindende Clients reservieren. Clients werden analog zu DHCP IP-Adressen aus dem Bereich zugewiesen. Für tun-Geräte erhält jeder Client aus Windows-Kompatibilitätsgründen ein /30-Subnetz. Dieses Verhalten lässt sich mit der `ifconfig-pool-linear`-Direktive ändern. Für tap-Geräte erhält jeder Client eine einzelne IP-Adresse, und die optionale Netzmaske wird an den Client gepusht.

`ifconfig-pool-persist` *datei* [*sekunden*]

Mit Hilfe dieser Direktive können Sie eine Datei angeben, in der die Zuordnung von Clients zu IP-Adressen alle *sekunden* sowie beim Programmstart und -ende notiert wird. Mit Hilfe dieser Datei ist eine langfristige Zuordnung von Clients (über ihren symbolischen Rechnernamen) zu IP-Adressen möglich, was den Clients eine effektivere Nutzung der `persist-tun`-Direktive ermöglicht. *datei* ist eine Text-Datei, in der je Zeile ein Eintrag der Form *rechername,ip-adresse* vorhanden ist. Wenn Sie *sekunden* auf 0 setzen, wird nur aus der *datei* gelesen, nicht in sie hineingeschrieben. Damit können Sie eine Konfigurationsdatei für IP-Zuordnungen erstellen.

Beachten Sie, dass OpenVPN die Zuordnungen nur als Vorschlag betrachtet. Es gibt keine Garantie, dass die angegebenen Zuordnungen tatsächlich verwendet werden. Um einem Client garantiert eine IP-Adresse zu geben, verwenden Sie die ifconfig-push-Direktive.

ifconfig-pool-linear

Ist diese Direktive angegeben, so wird bei tun-Geräten für jeden Client nur eine einzige IP-Adresse aus dem Adressbereich der ifconfig-pool-Direktive anstelle eines /30-Subnetzes zugewiesen. Diese Direktive ist inkompatibel mit Windows-Clients. Diese Direktive gilt ab der Version 2.1 als veraltet und wird durch die Direktive topology p2p ersetzt.

ifconfig-push *client-ip netzmaske*

Mit dieser Direktive können Sie die virtuelle IP-Adresse des Tunnelendpunktes an Clients pushen. Setzen Sie die *client-ip*- und *netzmaske*-Parameter entsprechend der ifconfig-Direktive, die Sie auf dem Client ausführen möchten. Es kann auch ein Rechnername angegeben werden, der dann vom Server zur Zeit der Client-Verbindung mittels DNS-Abfragen aufgelöst wird. Der Client erhält nur IP-Adressen. Beachten Sie, dass auf dem Client auch eine route-Direktive vorhanden sein muss, die die *lokale-ip*-Adresse umfasst, damit der Client weiß, wie er Pakete zum Server routen kann.

Diese Direktive macht in einem client-spezifischen Kontext wie in einem Konfigurationsverzeichnis einer client-config-dir-Direktive oder einem client-connect-Skript Sinn. OpenVPN sucht sich seine IP-Adresse wie folgt aus:

1. eine statische IP-Adresse aus einem client-connect-Skript (bevorzugt)
2. eine statische IP-Adresse aus einer client-config-dir-Datei

3. eine dynamische IP-Adresse aus der `ifconfig-pool`-Direktive (letzte Wahl)

`iroute` *netzwerk [netzmaske]*

Mit dieser Direktive können Sie eine interne Route anlegen, so dass ein statisches Subnetz an einen bestimmten Client geroutet wird. Ist die optionale *netzmaske* nicht angegeben, wird als Standardwert 255.255.255.255 verwendet. Beachten Sie, dass Sie die entsprechende Route auch zur System-Routing-Tabelle hinzufügen müssen, z.B. über die `route`-Direktive. Es werden zwei verschiedene Routen benötigt, da die System-Routing-Tabelle die Pakete nur vom Kernel zum OpenVPN-Prozess routet. Intern muss OpenVPN noch entscheiden, an welchen Client ein Paket geroutet werden muss.

Diese Direktive macht in einem client-spezifischen Kontext wie in einem Konfigurationsverzeichnis, einer `client-config-dir`-Direktive oder einem `client-connect`-Skript Sinn.

Mit Hilfe dieser Direktive können Sie es einrichten, dass unterschiedliche Clients gegenseitig ihre Subnetze erreichen können. Pushen Sie hierzu eine `route`-Direktive an die Clients, und nutzen Sie zusätzlich die `client-to-client`-Direktive auf dem Server. OpenVPN wird gepushte Routen an alle Clients senden, bis zu dem Client, dem das Subnetz aufgrund der `iroute`-Direktive gehört. Damit wird eine Routing-Schleife vermieden.

Wenn beispielsweise zwei Clients mit dahinterliegenden Netzwerken 10.1.1.0/24 sowie 10.2.1.0/24 über einen Server verbunden werden sollen, so sähe die Routing-Konfiguration auf dem Server wie folgt aus:

```
client-to-client
iroute 10.1.1.0 255.255.255.0
iroute 10.2.1.1 255.255.255.0
push "route 10.1.1.1 255.255.255.0"
push "route 10.2.1.1 255.255.255.0"
```

`client-to-client`

Ist diese Direktive angegeben, können alle verbundenen Clients sich gegenseitig erreichen. Da alle Clients über ein einziges tun- bzw. tap-Gerät laufen, ist der OpenVPN-Prozess de facto ein

Router, und diese Direktive veranlasst OpenVPN dazu, intern den Client-Verkehr zu routen, anstatt alle Pakete an das tun- oder tap-Gerät auszugeben. Verwenden Sie diese Direktive nicht, wenn sie client-spezifisches Firewalling einsetzen wollen.

duplicate-cn

Ist diese Direktive angegeben, dürfen sich mehrere Clients mit demselben Common-Name (CN) eines Zertifikats verbinden. Im Standardverhalten bricht OpenVPN alte Verbindungen ab, wenn sich ein neuer Client mit einem Rechnernamen verbindet, der bereits eine Verbindung zum Server hat.

client-connect *script*

Wird diese Direktive genutzt, wird das angegebene *skript* für jeden Client ausgeführt, der sich mit dem Server verbindet. Das Skript bekommt die IP-Adresse und den CN des Clients über Umgebungsvariablen mitgeteilt. Ferner erhält das Skript den Namen einer (noch nicht existierenden) temporären Datei als Kommandozeilenargument. Wenn das Skript client-spezifische Konfigurationen erstellt, sollte es diese Einstellungen in die übergebene temporäre Datei schreiben. Diese Datei wird von OpenVPN eingelesen, und die enthaltene Konfiguration wird auf den verbundenen Client für diese Sitzung angewendet. Unter anderem können die folgenden Direktiven über das Skript für den Client gesetzt werden: disable, max-routes-per-client, push, push-reset, iroute, ifconfig-push und config. Beachten Sie, dass die Verbindung zum Client getrennt wird, wenn das Skript einen Rückgabewert ungleich 0 zurückgibt.

client-disconnect *skript*

Analog zur client-connect-Direktive wird das *skript* ausge-führt, wenn ein Client eine Verbindung trennt. Das *skript* wird jedoch nur ausgeführt, wenn ein korrespondierendes client-connect-Skript oder -Plugin erfolgreich lief und 0 als Rückgabe-wert zurückgab. Die Umgebungsvariablen und die temporäre Datei werden ebenfalls wie in der Beschreibung der client-con-nect-Direktive aufgeführt behandelt. Werden client-discon-nect-Skripten kaskadiert, werden jedoch alle Skripten ausge-führt, wenn mindestens ein client-connect-Skript erfolgreich ausgeführt wurde.

`client-config-dir` *pfad*

Diese Direktive gibt ein Verzeichnis für Client-spezifische Konfigurationsdateien an. Wenn sich ein Client verbindet, wird sein X.509 CN ausgelesen und in *pfad* nach einer Datei mit demselben Namen gesucht. Wird diese Datei gefunden, wird sie als zusätzliche Konfigurationsdatei für diesen Client verwendet. Existiert die Datei nicht, wird die Datei namens DEFAULT im *pfad* verwendet, sofern diese existiert. Die folgenden Direktiven können verwendet werden: `disable`, `max-routes-per-client`, `push`, `push-reset`, `iroute`, `ifconfig-push` und `config`.

`ccd-exclusive`

Wird diese Direktive angegeben, ist die Existenz einer Client-spezifischen Konfigurationsdatei im *pfad* der `client-config-dir`-Direktive für eine erfolgreiche Authentifizierung notwendig.

`tmp-dir` *pfad*

Diese Direktive gibt den Verzeichnispfad für temporäre Konfigurationsdateien der `client-connect`-Skripten an.

`hash-size` *r* *v*

Mit dieser Direktive wird die Größe der Hashtabelle der realen Adressen auf *r* und die Größe der Hashtabelle für die virtuellen Adressen auf *v* gesetzt. Der Standardwert für *r* und *v* ist 256. Wenn Sie viele Clients haben, sollten Sie diesen Wert erhöhen.

`bcast-buffers` *anzahl*

Alloziert *anzahl* Puffer für Broadcast-Datagramme. Der Standardwert ist 256.

`tcp-queue-limit` *anzahl*

Gibt die maximale Anzahl von ausgehenden TCP-Paketen in der Warteschlange an. Der Standardwert ist 64. Falls Pakete für den Client schneller generiert werden als gesendet werden kann und die Warteschlange überläuft, so fängt OpenVPN an, Pakete für den Client zu verwerfen.

max-clients *anzahl*

Ist diese Direktive angegeben, wird die maximale Anzahl von Clients, die sich gleichzeitig mit dem Server verbinden dürfen, auf *anzahl* gesetzt. Der Standardwert ist 1024 Clients.

max-routes-per-client *anzahl*

Ist diese Direktive angegeben, wird die maximale Anzahl von internen Routen für einen Client auf *anzahl* beschränkt. Der Standardwert ist 256. Diese Direktive ist für den Einsatz gegen DoS-Angriffe gedacht, bei denen authentifizierte Clients den Server mit Paketen fluten, die von vielen verschiedenen MAC-Adressen zu stammen scheinen. In dieser Situation würde der Server seine internen Routing-Tabellen ständig erweitern müssen und nach und nach den Speicher des Systems auffüllen.

connect-freq *anzahl sekunden*

Ist diese Direktive angegeben, dürfen sich maximal *anzahl* Clients alle *sekunden* mit dem Server verbinden. Dies ist ein unzulänglicher Schutz vor DoS-Angriffen, da legitime Verbindungen auch zurückgewiesen werden können. Den besten Schutz vor DoS-Angriffen bietet die Verbindung der Verwendung des UDP-Protokolls mit der tls-auth-Direktive.

learn-address *befehl*

Ist diese Direktive angegeben, wird *befehl* ausgeführt, um die virtuelle Adresse oder Routen von Clients zu validieren. *befehl* bekommt die folgenden Parameter übergeben: Die durchzuführende Operation, entweder add, delete oder update, je nachdem, ob die Adresse zur internen Routing-Tabelle hinzugefügt, gelöscht oder verändert wird. Dann folgt die virtuelle Adresse des Clients. Dies ist bei tun-Geräten eine IP-Adresse und bei tap-Geräten eine MAC-Adresse. Schließlich wird bei add- oder update-Operationen noch der CN des Clients übergeben. Informationen zur internen Routing-Tabelle finden Sie in der Beschreibung der iroute-Direktive.

Gibt das Skript bei add- oder update-Operationen einen Rückgabewert ungleich 0 zurück, so werden die internen Routing-Tabellen nicht entsprechend aktualisiert. Das Skript kann z.B. dazu genutzt werden, um client-spezifische Firewallregeln dynamisch hinzuzufügen oder wieder zu entfernen. Da Open-VPN die Zuordnung zwischen CN und IP- bzw. MAC-Adresse verwaltet, kann das Skript aufgrund des CN unterschiedliche Regeln implementieren.

`auth-user-pass-verify` *script* `via-env|via-file`

Ist diese Direktive angegeben, werden vom Client zusätzlich zum SSL-Zertifikat noch ein Benutzername und ein Passwort zur Authentifizierung angefordert. Das *skript* wird aufgerufen, um die vom Client gelieferte Benutzername/Passwort-Kombination zu validieren. Gibt das Skript über den Exit-Status 0 zurück, wird der Client als erfolgreich authentifiziert erachtet. Kann das Skript den Benutzer nicht validieren, sollte es 1 zurückgeben.

Der Benutzername darf nur aus den folgenden Zeichen bestehen: 0-9, A-Z, a-z, _, -, . und @. Das Passwort darf aus allen druckbaren Zeichen bestehen, außer einem Zeilenvorschub oder einem Wagenrücklauf. Ungültige Zeichen werden in einen Unterstrich geändert. Seien Sie mit der Behandlung des Benutzernamens und des Passwortes in dem Skript vorsichtig, um keine Sicherheitslücke einzuführen. Insbesondere sollten diese Werte nie ungefiltert an einen Parser übergeben werden.

Ist `via-env` angegeben, werden Benutzername und Passwort über die Umgebungsvariablen `username` und `password` an das Skript übergeben. Beachten Sie, dass es Betriebssysteme gibt, die die Umgebungsvariablen von Prozessen für andere Prozesse sichtbar machen, und dass diese Option nicht immer sicher ist.

Wird `via-file` angegeben, werden der Benutzername und das Passwort in die ersten zwei Zeilen einer temporären Datei geschrieben, und der Dateiname wird als Kommandozeilenargument an das *skript* übergeben. OpenVPN löscht die Datei automatisch, nachdem das *skript* mit der Ausführung fertig ist. Der Pfad der temporären Datei wird durch die `tmp-dir`-Direktive gesteuert. Es wird empfohlen, den Pfad auf eine RAM-Disk wie z.B. `/dev/shm` zu setzen, damit die Dateien nicht auf die Festplatte geschrieben werden und somit nach dem Löschen der Datei eventuell noch auslesbar sind. Ein Beispielskript ist `sample-scripts/auth-pam.pl`, das mit dem OpenVPN-Source-code mitgeliefert wird.

`client-cert-not-required`

> Ist diese Direktive angegeben, ist es für Clients nicht notwendig, sich über ein SSL-Zertifikat zu authentifizieren. Stattdessen authentifiziert sich der Client lediglich über eine Benutzername/Passwort-Kombination, die durch das Skript einer angegebenen `auth-user-pass-verify`-Direktive überprüft werden muss. Entsprechend sinkt auch die Sicherheit bei der Verwendung dieser Direktive.
>
> Beachten Sie, dass OpenVPN eine doppelte Authentifizierung durchführt, wenn Sie diese Direktive nicht angeben, aber zugleich `auth-user-pass-verify` verwenden, und zwar über das Zertifikat und zusätzlich über eine Benutzername/Passwort-Kombination. Beide Authentifizierungen müssen erfolgreich durchlaufen werden, um Zugang zum VPN zu erhalten.

`username-as-common-name`

> Ist diese Direktive angegeben, so wird der Benutzername der `auth-user-pass-verify`-Direktive als CN für den Rechner genutzt und nicht der CN aus dem SSL-Zertifikat.

`port-share` *ip port* `Version 2.1`

> Wird OpenVPN als TCP-Server verwendet und erkennt OpenVPN, dass eine andere Anwendung sich an den angegebenen Port gebunden hat, agiert OpenVPN als Proxy und reicht alle Nicht-VPN-Pakete an den angegebenen *port* auf der *ip* weiter. Aktuell funktioniert dieses Verhalten nur für HTTP und HTTPS. Diese Direktive steht unter Windows nicht zur Verfügung.

Verschlüsselungsdirektiven

Diese Direktiven gelten sowohl für statische als auch für TLS-Schlüssel. Für weiterführende Informationen zum Thema SSL und TLS ist das Buch »Network Security with OpenSSL« (Viega et al., O'Reilly 2002) zu empfehlen. Für eine tiefergehende Einführung in die verschiedenen kryptographischen Verfahren eignet sich »Angewandte Kryptographie« (Schneier, Addison-Wesley, 1996).

secret *datei* [*richtung*]

Mit dieser Direktive geben Sie einen statischen Schlüssel vor, der in *datei* zu finden ist. Diese Schlüsseldatei sollte mit der genkey-Direktive angelegt worden sein. Wird die optionale Richtung angegeben, werden von OpenVPN vier unterschiedliche Schlüssel genutzt: zum Senden bzw. zum Empfangen von HMAC-Daten und zum Verschlüsseln und Entschlüsseln von Daten. Die *richtung* wird durch die Werte 0 oder 1 angegeben und sollte bei beiden Tunnelendpunkten jeweils andersherum angegeben werden. Wird *richtung* mit angegeben, so muss der Schlüssel 2048 Bit lang sein. Vor der Version 1.5 hat OpenVPN Schlüssel der Länge 1024 Bit generiert, aber jede OpenVPN-Version, die die *richtung*s-Option kennt, kann auch 2048 Bit lange Schlüssel generieren. Ist *richtung* nicht angegeben, so werden zwei Schlüssel verwendet: einer für die HMAC-Nachrichten und einer für die Verschlüsselung. Beachten Sie, dass nicht der ganze Dateiinhalt als statischer Schlüssel verwendet wird. Es werden 512-Bit-Schlüssel zufällig aus der Datei extrahiert.

Die Verwendung statischer Schlüssel gegenüber dynamisch ausgehandelten TLS-Schlüsseln hat gewisse Vor- und Nachteile. Der offensichtlichste Vorteil ist die Einfachheit der Konfiguration. Sie müssen die Schlüsseldatei nur sicher (z.B. mit ssh) auf beide Tunnelendpunkte kopieren. Außerdem verläuft die Kommunikation ohne Handshake zur Schlüsselaushandlung ab. Somit fällt es einem Angreifer, der Ihren Netzwerkverkehr belauscht schwer zu sehen, dass hier gerade ein VPN-Tunnel mit Verschlüsselung aufgebaut wird. Stattdessen sieht er einfach nur vermeintlich zufällige Daten hin- und herfließen. Dem gegenüber steht aber der Nachteil, dass alle Daten, die jemals mit diesem Schlüssel übertragen wurden, offen liegen, wenn es einem Angreifer gelingt, den Schlüssel zu stehlen und er zuvor den Netzwerkverkehr aufgezeichnet hat.

auth *algorithmus*|none

Diese Direktive gibt den verwendeten HMAC-Algorithmus an. Eine Liste der verfügbaren Authentifizierungsalgorithmen können Sie sich mit dem Kommandozeilenargument --show-digests ausgeben lassen. HMACs sind kryptographische Signaturen der Pakete und authentifizieren die Pakete gegenüber dem anderen Ende des Tunnels. Pakete mit fehlerhaftem HMAC werden verworfen. HMACs vergrößern Pakete um ca. 16 bis 20 Bytes. Wenn Sie die Option none angeben, so wird die HMAC-Authentifizierung abgeschaltet. Dies wird jedoch nicht empfohlen. Der Standardwert ist SHA1. Generell können alle Algorithmen verwendet werden, die Ihre OpenSSL-Bibliothek zur Verfügung stellt.

cipher *algorithmus*|none

Mit dieser Direktive geben Sie den Verschlüsselungsalgorithmus für das Paket an. Die Liste der Algorithmen, die in Ihrer OpenVPN-Instanz zur Verfügung stehen, können Sie mit dem Kommandozeilenargument --show-ciphers ausgeben lassen. Mit der Option none können Sie die Verschlüsselung abschalten. Der Standardalgorithmus ist BF-CBC, also der Blowfish-Algorithmus im CBC-Modus.

keysize *bits*

Mit dieser Direktive können Sie die Schlüssellänge des statischen Schlüssels angeben. Mit der --show-ciphers-Kommandozeilenoption können Sie sich die Liste aller Verschlüsselungsalgorithmen anzeigen lassen, zusammen mit der Standardschlüsselgröße und der Information, ob die Größe verändert werden kann. Beachten Sie, dass die meisten Verschlüsselungsalgorithmen nur mit ihrer Standardschlüssellänge intensiv analysiert wurden; Sie können also schlimmstenfalls auch mit einer Vergrößerung des Schlüssels die Sicherheit der Verbindung verringern.

engine [*engine-name*]

Aktiviert die Crypto-Engine-Funktionalität von OpenSSL, also der Verschlüsselungsbibliothek, die von OpenVPN verwendet wird. OpenSSL Engines sind Treiber für Hardwarebeschleuniger von Verschlüsselungsoperationen. Mit *engine-name* können Sie eine spezielle Engine auswählen. Mit der Kommandozeilenoption -show-engines können Sie sich alle Engines anzeigen lassen, die OpenSSL zur Verfügung stellt.

`no-replay`

Ist diese Direktive angegeben, so deaktivieren Sie OpenVPNs Schutzmechanismus gegen sogenannte Replay-Angriffe. Bei diesen Angriffen fängt ein Angreifer eine verschlüsselte Datensequenz ab, die eine ihm bekannte Aktion durchführt. Will der Angreifer diese Aktion später noch mal wiederholen, so sendet er einfach die zuvor eingefangenen Pakete unverändert an den Server. Das Deaktivieren des Schutzmechanismus' wird nicht empfohlen. Es erhöht zwar den Durchsatz des Tunnels, verringert aber auch gleichzeitig die Sicherheit beträchtlich. Der Durchsatzgewinn ist marginal und bei Verbindungen über langsame Strecken nicht zu registrieren. Entsprechend sollten Sie diese Direktive nicht verwenden.

Bei dem Replay-Schutz wird jedes Paket mit einer für den aktuell verwendeten Schlüssel eindeutigen ID versehen. Bei statischen Schlüsseln ist diese ID 64 Bit lang und besteht aus einer Kombination von Zeitstempel und Paket-Sequenznummer. Bei dynamischen, über TLS-ausgehandelten Schlüsseln wird nur eine 32 Bit lange Sequenznummer verwendet. Wenn der Sequenzzähler kurz vor dem Überlaufen ist, stößt OpenVPN einen neuen Schlüsselaustausch an.

Pakete, deren ID schon einmal empfangen wurde, werden von OpenVPN verworfen.

`replay-window` *pakete* [*sekunden*]

Mit dieser Direktive können Sie die Größe des »Sliding Window« angeben, das gegen Replay-Angriffe schützt, wenn Sie das UDP-Protokoll nutzen. Die Standardwerte sind 64 Pakete und 15 Sekunden.

Da OpenVPN die physikalische Ebene des Netzwerkstacks emuliert, akzeptiert es Pakete, die in der falschen Reihenfolge eintreffen. Da das UDP-Protokoll (im Gegensatz zum TCP-

Protokoll) keine eingebaute Zuverlässigkeit der Übertragung bietet, können Pakete bei Verwendung von UDP bei dem OpenVPN-Prozess überhaupt nicht oder in ungeordneter Reihenfolge ankommen. OpenVPN leitet Netzwerkpakete an den Netzwerkstack nur dann weiter, wenn das Paket keinen Replay-Angriff darstellt, die Sequenznummer des Paketes maximal *pakete* kleiner ist als die bislang akzeptierte maximale Paketnummer und spätestens *sekunden* nach dem Paket mit einer höheren Sequenznummer empfangen wurde. Ansonsten wird das Paket verworfen. Auf Leitungen mit hohem Durchsatz und einer hohen Latenzzeit sollten Sie die Anzahl der *pakete* erhöhen. Insbesondere Verbindungen über Satellit werden dies benötigen. Mit der Direktive verb 4 wird die Meldung "Replaywindow backtrack occurred [x]" ausgegeben, wenn ein Paket außerhalb seiner eigentlichen Reihenfolge innerhalb des Fensters ankommt. Mit diesen Meldungen können Sie die Größe des Fensters kalibrieren.

mute-replay-warnings

Wenn Sie diese Direktive angeben, wird die Ausgabe von Warnungen über Replay-Angriffe unterdrückt. Insbesondere über WLAN-Netzwerke können hier sehr viele falsche Alarme ausgegeben werden.

replay-persist datei

Mit dieser Direktive können Sie eine Datei angeben, in der der Zustand des Replay-Schutzes über Prozessinstanzen von Open-VPN hinweg persistent gehalten wird. Dies ist insbesondere in den Situationen nützlich, wenn OpenVPN-Sitzungen häufig gestartet und wieder gestoppt werden (z.B. wenn OpenVPN über inetd gestartet wird). Dadurch kann vermieden werden, dass ein Angreifer ein Paket aus einer grade beendeten Sitzung noch mal abschickt (der Replay-Angriff) und dieses Paket nicht von den Sicherheitsmechanismen abgefangen wird, da die notwendigen Daten normalerweise nur für die Dauer der Sitzung gespeichert werden. Diese Direktive macht nur in Verbindung mit den secret- oder tls-auth-Direktiven Sinn.

`no-iv`

Mit dieser Direktive unterbinden Sie die Verwendung eines Initialisierungsvektors (IV) für den Verschlüsselungsalgorithmus. Wenn Sie diese Direktive verwenden, erhöhen Sie zwar den Durchsatz des Tunnels, verringern aber die Sicherheit bedeutend. IVs sind sehr wichtig, wenn Nachrichten mit demselben Schlüssel verschlüsselt werden. Ferner benötigen die Verschlüsselungsmodi CFB und OFB einen IV, um überhaupt sicher sein zu können.

Die IV-Implementierung hängt vom Verschlüsselungsmodus ab. Für den CBC-Modus wird eine Kette von pseudo-zufälligen Werten als IV verwendet. Bei den CFB und OFB-Modi wird, um Platz zu sparen, die Replay-Schutz-ID als IV verwendet.

`test-crypto`

Mit dieser Direktive können Sie einen Selbsttest der verwendeten Verschlüsselungsoptionen von OpenVPN durchführen, z.B. nachdem OpenVPN auf eine neue Plattform portiert wurde oder um Kompilierungsprobleme von OpenVPN oder OpenSSL auf die Schliche zu kommen. Hierzu ist keine Gegenstelle notwendig. Entsprechend muss keine dev- oder `remote`-Direktive angegeben sein. Typische Aufrufe würden wie folgt aussehen:

```
openvpn --test-crypto --secret schluessel
```

oder mit mehr Ausgaben:

```
openvpn --test-crypto --secret schluessel --verb 9
```

Direktiven für den TLS-Modus

Der TLS-Modus ist der mächtigste kryptographische Modus, den OpenVPN anbieten kann, sowohl hinsichtlich der Sicherheit als auch in Hinblick auf die Flexibilität. Bei dem TLS-Modus werden Kontroll- und Datenkanäle aufgebaut, die über eine einzige TCP- bzw. UDP-Verbindung laufen. OpenVPN initiiert die TLS-Sitzung über den Kontrollkanal und nutzt diesen, um Schlüsselinformationen für die Datenkanäle auszutauschen. Der Kontrollkanal wird mit einer robusten Sicherungsschicht (auch für UDP-Verbindungen) versehen, während diese den Datenkanälen nicht hinzugefügt wird. Damit wird das Beste aus beiden Welten vereint: schnelle Datenkanäle ohne zusätzlichen Overhead und ein zuverlässiger Kontrollkanal, der die ganze Sicherheit von TLS bietet.

Um den TLS-Modus nutzen zu können, muss jeder Tunnelendpunkt ein Zertifikat und einen privaten Schlüssel haben, die von einer gemeinsamen CA signiert wurden. Beim Aufbau der TLS-Verbindung tauschen beide Endpunkte ihre Zertifikate untereinander aus und können aufgrund des Zertifikats der Gegenstelle entscheiden, ob sie mit der Verbindung fortfahren wollen. Akzeptieren beide Endpunkte das Zertifikat der Gegenstelle und wird der TLS-Handshake erfolgreich durchgeführt, werden anschließend temporäre Sitzungsschlüssel für die Datenkanäle ausgetauscht. Informationen zur Erstellung einer CA, zum Signieren von Zertifikaten und zu anderen SSL-relevanten Themen sind in Kapitel 5, *Authentifizierung und Zertifikatsverwaltung* zusammengetragen. Weiterführende Informationen zu PKCS#11 finden Sie im Abschnitt »Authentifizierung mit kryptographischen Tokens« auf Seite 117.

tls-server

Diese Direktive aktiviert TLS und weist den lokalen OpenVPN-Prozess an, als Server beim TLS-Handshake zu fungieren. Da OpenVPN als Peer-to-Peer-Anwendung konzipiert ist, bestimmt diese Direktive nur die Server-Rolle während des Aushandelns des verschlüsselten TLS-Kontrollkanals. Die Rolle des eigentlichen Servers, der die Anfragen der Clients bedient, ist von dieser Direktive unabhängig und kann auch dem anderen Tunnelendpunkt zufallen.

tls-client

Mit dieser Direktive wird TLS aktiviert und der lokale OpenVPN-Prozess angewiesen, die Rolle des Clients beim TLS-Handshake einzunehmen.

ca *datei*

Mit dieser Direktive können Sie angeben, wo die CA-Datei (im »pem«-Format) hinterlegt ist. *datei* kann auch mehrere CA-Zertifikate enthalten, die an die *datei* nacheinander angefügt werden. Kapitel 5, *Authentifizierung und Zertifikatsverwaltung* befasst sich mit der Erstellung einer eigenen CA. OpenVPN enthält von Haus aus zwar ein Test-Zertifikat einer CA, jedoch sollten Sie diese Test-Zertifikate nie in einer produktiven Umgebung nutzen, da jeder andere OpenVPN-Benutzer den passenden Schlüssel zum Entschlüsseln des Datenverkehrs hätte. Ab der OpenVPN-Version 2.1 können die CA-Daten auch direkt in der Konfigurationsdatei angegeben werden, indem die Daten durch <ca> und </ca>-Tags umschlossen werden. Ferner kann ab der Version 2.1 diese Direktive in Verbindung mit der pkcs12-Direktive verwendet werden. In diesem Fall wird immer das CA-Zertifikat genutzt, das über die ca-Direktive angegeben ist.

dh *datei*

Diese Direktive gibt eine *datei* an, die Diffie-Hellman-Parameter im pem-Format beinhaltet. Sie können Ihre eigene *datei* mit dem folgenden Befehl erstellen:

```
openssl dhparam -out datei 1024
```

Oder Sie verwenden die von OpenVPN mitgelieferte Datei. Ab der OpenVPN-Version 2.1 können die Diffie-Hellman-Daten auch direkt in der Konfigurationsdatei angegeben werden, indem die Daten von <dh> und </dh>-Tags umschlossen werden.

cert *datei*

Diese Direktive gibt an, dass das Zertifikat (der öffentliche Schlüssel) des lokalen OpenVPN-Prozesses in *datei* im »pem«-Format hinterlegt ist. Jeder OpenVPN-Endpunkt sollte sein eigenes Zertifikat und seinen eigenen privaten Schlüssel haben, die alle von der CA signiert sind, deren öffentlicher Schlüssel über die ca-Direktive angegeben wird. Das Erstellen eines Zertifikats wird in Kapitel 5, *Authentifizierung und Zertifikatsverwaltung* behandelt. Ab der OpenVPN Version 2.1 können die Zertifikatdaten auch direkt in der Konfigurationsdatei angegeben werden, indem die Daten von <cert> und </cert>-Tags umschlossen werden.

key *datei*

> Mit dieser Direktive geben Sie den privaten Schlüssel vom lokalen OpenVPN-Prozess an, der in *datei* im pem-Format hinterlegt ist. Der private Schlüssel ist der zweite, geheime Teil des Zertifikats, der mit der cert-Direktive angegeben wurde. Ab der OpenVPN-Version 2.1 können die Daten des privaten Schlüssels auch direkt in der Konfigurationsdatei angegeben werden, indem die Daten von <key> und </key>-Tags umschlossen werden.

pkcs12 *datei*

> Diese Direktive gibt eine *datei* an, in der der private Schlüssel, das Zertifikat und das CA-Zertifikat des lokalen OpenVPN-Prozesses im PKCS #12-Format hinterlegt sind. Sie können diese Direktive anstelle der ca-, cert- und key-Direktiven nutzen. Ab der Version 2.1 kann diese Direktive in Verbindung mit der ca-Direktive verwendet werden. In diesem Fall wird immer das CA-Zertifikat genutzt, das über die ca-Direktive angegeben ist.

pkcs11-cert-private [0|1] `Version 2.1`

> Mit dieser Direktive können Sie angeben, ob auf das Zertifikatobjekt nach dem Einloggen zugegriffen werden soll. Jeder Provider hat seine eigenen Einstellungsmöglichkeiten. Weitere Informationen zum Thema PKCS#11 finden Sie im Abschnitt »Authentifizierung mit kryptographischen Tokens« auf Seite 117.

pkcs11-id *name* `Version 2.1`

> Gibt den *namen* des Zertifikatobjekts vor, nach dem gesucht werden soll.

pkcs11-id-type id|label|subject `Version 2.1`

> Gibt an, mit welchen Feldern der Zertifikatobjekte der Name von pkcs-11-id verglichen werden soll. id untersucht das id-Attribut, und der angegebene *name* sollte eine hexadezimale Zeichenkette sein. label untersucht das label-Attribut, der *name* sollte eine normale Zeichenkette sein. subject untersucht das Subject-Attribut des Zertifikatobjekts, und der *name* sollte eine normale Zeichenkette sein.

`pkcs11-pin-cache` *sekunden* `Version 2.1`

Gibt an, wie viele Sekunden die PIN des Tokens zwischenge-speichert werden soll.

`pkcs11-protected-authentication` [0|1] `Version 2.1`

Mit dieser Direktive können Sie angeben, dass ein gesicherter Authentifizierungspfad genutzt werden soll (1) oder nicht (0). Diese Einstellung ist insbesondere für biometrische Authentifizierung oder eine Authentifizierung über externe Geräte sinn-voll. Jeder Provider hat seine eigenen Einstellungsmöglichkei-ten.

`pkcs11-providers` *provider* `Version 2.1`

Diese Direktive gibt an, dass ein PKCS#11-Provider zur Authentifizierung genutzt werden soll. Diese Option kann anstelle der `cert`-, `key`- oder `pkcs12`-Direktiven verwendet wer-den.

`pkcs11-sign-mode` <u>auto</u>|sign|recover|any `Version 2.1`

Gibt an, mit welcher Methode Daten signiert werden sollen. Jeder Provider kann eine andere Methode zugewiesen bekom-men. `sign` nutzt die Sign-Methode, `recover` die SignRecover-Methode. `any` gibt an, dass zunächst die Sign-Methode versucht werden soll und danach SignRecover, falls Sign nicht unter-stützt wird. Mit `auto` wird versucht, die richtige Methode auto-matisch zu ermitteln.

`pkcs11-slot` *name* `Version 2.1`

Gibt den Slotnamen an, in dem nach dem Token gesucht wer-den soll.

`pkcs11-slot-type` id|name|label `Version 2.1`

Gibt an, wie nach dem Slot mit dem Token gesucht werden soll. Mit `id` wird nach einem bestimmten Slot mit einer numeri-schen ID gesucht. Es kann optional der Provider davor angege-ben werden. In diesem Fall wäre das Format *provider:id*. `name` sucht den Slot anhand seines Namens, während bei `label` nach einem Slot gesucht wird, der einen Token mit dem angegebe-nen Label enthält.

`cryptoapicert` *auswahl-string*

Mit dieser Direktive können Sie ein Zertifikat und einen privaten Schlüssel aus dem *Windows Certificate Storage System* laden. Diese Direktive ersetzt die cert- und key-Direktiven. Hiermit erhalten Sie auch die Möglichkeit, jede von Windows unterstützte SmartCard zu verwenden.

Um ein Zertifikat aufgrund eines Teilstrings des Zertifikat-Subjects auszuwählen, nutzen Sie die folgende Anweisung:

```
cryptoapicert "SUBJ:Max Mustermann"
```

Oder um ein Zertifikat anhand seines Fingerabdrucks auszuwählen, nutzen Sie:

```
cryptoapicert "THUMB:0a 35 2b 5c ...."
```

Diese Direktive kann nur unter Windows genutzt werden.

`key-method` 1|2

Über diese Direktive geben Sie die zu verwendende Methode für die Schlüsselaushandlung des Datenkanals an. Diese Einstellung muss auf beiden Tunnelenden gleich sein.

Mit Methode 1 werden zufällige encrypt- und HMAC-send-Schlüssel generiert und an die Gegenseite übertragen. Dies ist die Standardeinstellung unter OpenVPN 1.x.

Bei Methode 2 erstellt der TLS-Client einen zufälligen Schlüssel. Ferner sammeln sowohl Client als auch Server zufällige Daten, die über den TLS-Kanal ausgetauscht werden. Die tatsächlich verwendeten Schlüssel werden mit den Zufallsdaten von Client und Server erstellt. Dies ist die Standardeinstellung unter OpenVPN 2.0. Diese Methode soll dem Schlüsselaushandlungsmechanismus von TLS möglichst entsprechen.

Beachten Sie, dass zwei separate Schlüsselaushandlungen stattfinden: Zunächst wird eine verschlüsselte TLS-Verbindung ausgehandelt und danach die Schlüssel für den VPN-Tunnel. Diese Direktive bezieht sich nur auf den zweiten Schritt.

`tls-cipher` *liste*

Diese Direktive gibt eine *liste* von Verschlüsselungsalgorithmen vor, die für die TLS-Verbindung genutzt werden dürfen. Listenelemente werden durch einen Doppelpunkt voneinander getrennt. Nutzen Sie diese Direktive, wenn Sie hohe Sicherheitsansprüche haben und verhindern wollen, dass die TLS-Verbindung auf einen Verschlüsselungsalgorithmus niedriger Qualität zurückfällt (es gibt Angriffe, die darauf abzielen, beide Tunnelendpunkte zur Verwendung des »kleinsten gemeinsamen Nenners« der Verschlüsselungsalgorithmen zu bewegen).

`tls-timeout` *sekunden*

Mit dieser Direktive geben Sie eine Timeout-Zeit vor. Wird ein Paket des TLS-Kontrollkanals nicht innerhalb von *sekunden* von der Gegenstelle quittiert, wird das Paket noch mal gesendet. Bei weiterem Ausbleiben der Quittierung wird wie bei TCP die Timeout-Zeit exponentiell erhöht. Dies betrifft aber nur den Kontrollkanal. Pakete des Datenkanals werden nie quittiert, da angenommen wird, dass das Netzwerkprotokoll, auf dem OpenVPN aufsetzt (z.B. TCP), diese Aufgabe übernimmt. Der Standardwert ist 2 Sekunden.

`reneg-bytes` *bytes*

Diese Direktive wird genutzt, um vorzugeben, nach wie vielen übertragenen oder empfangenen Bytes ein neuer Schlüssel ausgehandelt wird. Ist diese Direktive nicht angegeben, findet keine neue Schlüsselaushandlung aufgrund der transportierten Datenmenge statt.

`reneg-pkts` *anzahl*

Diese Direktive wird genutzt, um vorzugeben, nach wie vielen übertragenen oder empfangenen Paketen ein neuer Schlüssel ausgehandelt wird. Ist diese Direktive nicht angegeben, findet keine neue Schlüsselaushandlung aufgrund der Paketanzahl statt.

`reneg-sec` *sekunden*

Diese Direktive wird genutzt, um vorzugeben, nach wie vielen *sekunden* ein neuer Schlüssel ausgehandelt wird. Der Standardwert ist eine Stunde (3600 Sekunden).

`hand-window` *sekunden*

Diese Direktive gibt ein Zeitfenster in Sekunden vor, in dem der TLS-Handshake abgehandelt werden muss. Gelingt dies nicht, wird versucht, die Verbindung zurückzusetzen, und ein neuer Versuch wird gestartet. Selbst wenn der TLS-Handshake misslingt, wird der aktuelle Schlüssel noch für die Zeit, die in der `tran-window`-Direktive angegeben wird, genutzt, um den Tunnel noch aufrechtzuerhalten.

`tran-window` *sekunden*

Diese Direktive gibt ein Zeitfenster für die Schlüsseltransition vor. Das heißt, der alte Sitzungsschlüssel kann noch *sekunden* weiterverwendet werden, nachdem eine neue Schlüsselaushandlung initiiert wurde. Dies erlaubt einen flüssigen Austausch der Sitzungsschlüssel, ohne dass der Tunnel dadurch beeinträchtigt wird.

`single-session`

Wird diese Direktive angegeben, so wird nach dem Aufbau der ersten Verbindung jede weitere Verbindung untersagt. Dies bedeutet, dass die Gegenstelle auch nicht die Verbindung schließen und neu öffnen darf. Wird der OpenVPN-Prozess durch ein Signal oder über die `ping-restart`-Direktive neu initialisiert, so wird eine weitere Verbindung erlaubt. Wenn Sie diese Direktive in Verbindung mit der `ping-exit`- oder `inactive`-Direktive verwenden, können Sie einen dynamischen Tunnel einrichten, der nach dem Abbau den OpenVPN-Prozess beendet.

`tls-exit`

Beendet den OpenVPN-Prozess, wenn es einen Fehler bei der Aushandlung der TLS-Verbindung gab.

`tls-auth` *datei* [*richtung*]

Mit dieser Direktive können Sie eine weitere Ebene der Paketsicherheit einführen, indem aus dem Inhalt der *datei* ein HMAC-Schlüssel gelesen wird, mit dem alle empfangenen Pakete signiert sein müssen. Pakete, die nicht mit diesem Schlüssel signiert sind, werden direkt verworfen. Damit lassen sich die Gefahren eines DoS-Angriffs auf OpenVPN-Server minimieren, die von jeder IP-Adresse eine Verbindung annehmen können müssen. Um diese Funktion nutzen zu können, muss der

HMAC-Schlüssel an beiden Tunnelendpunkten angegeben werden.

Die *datei* muss in einer von zwei Formaten vorliegen: entweder als statische OpenVPN-Schlüsseldatei, die mit der genkey-Direktive erstellt wurde (dieses Format ist notwendig, wenn Sie auch eine *richtung* angeben), oder als eine Datei mit beliebigem Inhalt, aus der der HMAC-Schlüssel erstellt wird, indem eine kryptographische Hashsumme der Datei errechnet wird. Open-VPN versucht zunächst, die *datei* als Schlüsseldatei zu parsen. Schlägt dies fehl, nutzt es die zweite Methode. Die *richtung* geben Sie mit den Werten 0 und 1 an. Die Werte sollten auf den jeweiligen Tunnelendpunkten umgekehrt sein. Das heißt, ist auf dem einen Tunnelendpunkt die *richtung* 0 angegeben, muss auf dem anderen Endpunkt die *richtung* 1 angegeben sein.

Beachten Sie, dass diese Direktive optional ist und keinerlei Verschlüsselung einführt. Hiermit lassen sich nur die Clients einschränken, die eine Authentifizierung versuchen dürfen.

askpass [*datei*]

Über diese Direktive können Sie eine Passphrase zum Entschlüsseln Ihres privaten Schlüssels einlesen lassen, bevor OpenVPN sich selbst daemonisiert (also zum Hintergrunddienst wird). Die Passphrase kann in der optional angegebenen *datei* vorliegen, ansonsten fragt OpenVPN auf der Konsole nach der Passphrase. Nutzen Sie diese Direktive nur, wenn Sie den privaten Schlüssel Ihres Zertifikats verschlüsselt vorliegen haben. Wie Sie einen privaten Schlüssel erzeugen, der als verschlüsselte Datei vorliegt, erfahren Sie in Kapitel 5, *Authentifizierung und Zertifikatsverwaltung*.

Beachten Sie, dass OpenVPN Passphrasen nur dann aus Dateien ausliest, wenn es mit der configure-Option -enable-password-save – ENABLE_PASSWORD_SAVE in config-win32.h unter Windows – kompiliert wurde.

auth-nocache

Mit dieser Direktive geben Sie an, dass die Benutzername/Passwort-Kombination der askpass- oder auth-user-pass-Direktiven nicht im virtuellen Speicher gecacht werden darf. Vielmehr wird die Kombination sofort nach ihrer Verwendung aus dem Speicher gelöscht. Immer wenn OpenVPN die Benutzername/Passwort-Kombination ein weiteres Mal braucht, werden Sie auf der Konsole hiernach gefragt. Dies kann im Laufe einer OpenVPN-Sitzung recht häufig sein. Beachten Sie, dass diese Direktive nicht das Cachen der `http-proxy`-Anmeldedaten beeinflusst. Diese werden immer gecacht.

`tls-verify` *befehl*

Über diese Direktive können Sie einen *befehl* angeben, der den X509-Namen einer einkommenden TLS-Verbindung prüft, nachdem diese Verbindung alle anderen Tests (bis auf den CRL-Test) bestanden hat. Diese Direktive ist hilfreich, wenn Ihre Clients Zertifikate von einer CA haben, die viele andere Zertifikate erstellt, die nichts mit Ihrem Unternehmen zu tun haben, und Sie nicht allen Zertifikaten dieser CA vertrauen möchten.

befehl wird wie folgt ausgeführt:

```
befehl zertifikatstiefe X509_name_auf_einer_zeile
```

Der angegebene Befehl kann auch Kommandozeilenargumente enthalten, in diesem Fall werden die oben angezeigten Parameter an das Ende der Argumentliste angehängt. Gibt das Skript 0 zurück, darf der Client mit dem TLS-Handshake fortfahren. Gibt das Skript über seinen Exit-Status hingegen 1 zurück, wird die Verbindung abgebrochen. Ein einfaches Perl-Skript namens `verify-cn`, das als Beispiel dienen kann, ist in der OpenVPN-Distribution enthalten.

`tls-remote` *name*

Diese Direktive gibt mit *namen* ein Präfix an, mit dem der CN eines Clients übereinstimmen muss, damit der Client einen TLS-Handshake durchführen darf. Diese Direktive dient als Alternative zur `tls-verify`-Direktive. Um beispielsweise nur Verbindungen von Clients zu akzeptieren, deren X509-Name mit »MeineFirma« anfängt, geben Sie Folgendes ein:

```
tls-remote "MeineFirma"
```

`ns-cert-type` `client|server`

> Wird diese Direktive verwendet, so ist es zwingend erforderlich, dass das Zertifikat der Gegenstelle das angegebene `nsCertType` enthält. Dies ist eine sinnvolle Sicherheitsoption für Clients, damit diese sicherstellen können, dass die Gegenseite wirklich ein designierter Server ist. Wie Sie einen Schlüssel mit einem bestimmten `nsCertType` erstellen, können Sie in Kapitel 5, *Authentifizierung und Zertifikatsverwaltung* nachlesen.

`crl-verify` *datei*

> Mit dieser Direktive geben Sie eine *datei* an, die eine CRL (Certificate Revocation List) enthält. Clients mit Zertifikaten, die in dieser CRL enthalten sind, dürfen sich nicht mehr mit dem Server verbinden. Nutzen Sie diese Direktive, um selektiv kompromittierte Schlüssel (z.B. von gestohlenen Laptops) aus Ihrem TLS-Server auszuschließen.

`remote-cert-ku` *wert* `Version 2.1`

> Mit dieser Direktive können Sie angegeben, dass das Zertifikat der Gegenstelle ein bestimmtes *Key Usage*-Attribut enthält. Hiermit können Clients prüfen, ob die Gegenstelle wirklich ein designierter Server ist. *wert* sollte als Hexadezimalzahl angegeben werden. Es können mehrere Werte angegeben werden. Die Key Usage-Attribute für TLS-Webserver sind `0xa0 0x88` und für TLS-Webclients `0x80 0x08 0x88`.

`remote-cert-eku` *oid* `Version 2.1`

> Ist diese Direktive angegeben, können Sie angeben, dass das Zertifikat der Gegenstelle ein bestimmtes *Extended Key Usage*-Attribut enthält. Hiermit können Clients prüfen, ob die Gegenstelle wirklich ein designierter Server ist. Das Argument der Direktive sollte als OID oder als symbolische Darstellung von OpenSSL angegeben werden.

`remote-cert-tls` `client|server` `Version 2.1`

> Mit dieser Direktive können Sie vorgeben, dass das Zertifikat der Gegenstelle bestimmte Attribute enthält. Hiermit können Clients sicherstellen, dass die Gegenstelle ein designierter Server ist.

remote-cert-tls `client` ist äquivalent zu den Direktiven

`remote-cert-ku 80 08 88`
`remote-cert-eku "TLS Web Client Authentication"` und

remote-cert-tls `server` ist äquivalent zu den Direktiven

`remote-cert-ku a0 88`
`remote-cert-eku "TLS Web Server Authentication".`

Zusätzlich wird gefordert, dass die Key Usage auf `digitalSig-nature` und `keyEncipherment` oder `digitalSignature` und `key-Agreement` festgelegt wurde.

Informationsdirektiven zur SSL-Biliothek

Mit diesen Direktiven können Sie Informationen über die eingebundene SSL-Bibliothek abfragen. Die folgenden Direktiven sollten nur auf der Kommandozeile verwendet werden, ohne Angabe weiterer Direktiven. Als weiterführende Literatur zum Thema SSL ist das Buch »Network Security with OpenSSL« (John Viega, O'Reilly Verlag) zu empfehlen.

`show-ciphers`
> Diese Direktive gibt eine Liste der bekannten Verschlüsselungsalgorithmen, ihre Standardschlüssellänge und Informationen darüber aus, ob die Schlüssellänge variabel ist. Diese Algorithmen können mit der `cipher`-Direktive verwendet werden.

`show-digests`
> Diese Direktive gibt eine Liste der bekannten Authentifizierungsalgorithmen und ihre Hash-Größe aus. Diese Algorithmen können mit der `auth`-Direktive verwendet werden.

`show-tls`
> Diese Direktive gibt eine Liste der bekannten Verschlüsselungsalgorithmen für TLS, sortiert nach Präferenz, aus.

`show-engines`
> Diese Direktive gibt eine Liste der verwendbaren Verschlüsselungs-Engines (Hardwarebeschleuniger) von OpenSSL aus. Verwenden Sie diese Direktive nur allein auf der Kommandozeile.

Schlüsselgenerierung

Diese Direktiven dienen zur Erstellung statischer Schlüssel:

genkey

> Mit dieser Direktive können Sie einen neuen, statischen Schlüssel für die secret-Direktive erstellen. Verwenden Sie diese Direktive nur auf der Kommandozeile zusammen mit der secret-Direktive.

secret *datei*

> Schreibt den mit genkey erstellten Schlüssel in die angegebene *datei*.

Persistente TUN/TAP-Tunnel

Mit diesen Direktiven können Sie unter Linux ab der Kernel-Version 2.4.7 persistente Tunnel konfigurieren.

mktun

> Erstellt einen persistenten Tunnel. Während normalerweise Tunnel nur für die Laufzeit des OpenVPN-Prozesses bestehen, können Sie mit dieser Direktive einen persistenten Tunnel erstellen, der so lange existiert, bis Sie ihn explizit mit der rmtun-Direktive löschen oder der Rechner neu gebootet wird, egal wie häufig der OpenVPN-Prozess zwischenzeitlich neu gestartet wird. Vorteile von persistenten Tunneln sind, dass sie keine expliziten Skripten zum Einrichten von IP-Adressen und Routen benötigen. Ferner wird eine offene Verbindung über einen persistenten Tunnel nicht zurückgesetzt, wenn der OpenVPN-Prozess neu initialisiert wird. Andererseits ist es schwerer, den MTU-Wert nach einem Verbindungsaufbau dynamisch zu konfigurieren. Auf Windows sind TAP-Win32-Tunnel automatisch persistent.

rmtun

> Löscht einen persistenten Tunnel. Verwenden Sie diese Direktive nur auf der Kommandozeile.

dev tun*X* | tap*X*

> Gibt das zu verwendende tun- bzw. tap-Gerät an.

Windows-Direktiven

Die folgenden Direktiven gelten nur für den Einsatz in Windows-Betriebssystemen.

```
ip-win32 manual|dynamic [offset] [lease-zeit]|netsh|ipapi  Version 2.0
ip-win32 adaptive|manual|dynamic [offset] [lease-zeit]|netsh|
ipapi  Version 2.1
```

Mit Hilfe dieser Direktive können Sie angeben, wie OpenVPN die IP-Adresse und Netzmaske des TAP-Win32-Adapters auf die Werte der ifconfig-Direktive setzt. Nutzen Sie diese Direktive nur, wenn Sie auch die ifconfig-Direktive verwenden.

manual

Ist dieser Wert gesetzt, gibt OpenVPN eine Meldung auf der Konsole aus, die sagt, welche Werte es für den TAP-Win32-Netzwerkadapter erwartet. Sie müssen die Einstellungen dann manuell vornehmen.

dynamic *[offset]* *[lease-zeit]*

Bei diesem Wert setzt OpenVPN die Einstellungen der Netzwerkkarte, indem es als virtueller DHCP-Server auf die DHCP-Anfragen des TAP-Win32-Geräts antwortet. Diese Option wird als die sauberste erachtet. Beachten Sie, dass zwei Voraussetzungen erfüllt sein müssen, damit diese Option funktioniert: Zum einen muss der TAP-Win32-Adapter auf »IP Adresse automatisch beziehen« gesetzt sein, und zum anderen muss OpenVPN eine IP-Adresse des Subnetzes für die Einrichtung des virtuellen DHCP-Servers verwenden. Bei »dev tap«-Netzwerken verwendet es die erste IP-Adresse des Subnetzes, bei »dev tun«-Netzwerken richtet OpenVPN es so ein, dass es den Anschein hat, als ob der DHCP-Server von der Tunnel-Gegenseite aus antwortet. Die optionale *offset*-Angabe gibt den Versatz der DHCP-Server-IP an und kann Werte zwischen -256 und 255 einnehmen. 0 ist der Standardwert. Bei positiven Werten wird der Versatz vom Anfang des Adressbereichs gezählt, bei negativen Werten vom Ende des Adressbereichs. Mit dem Kommandozeilenbefehl ipconfig

/all können Sie sich anzeigen lassen, welchen DHCP-Server Ihr Windows-System gerade verwendet. Für mehrere OpenVPN-Instanzen kann die IP-Adresse des virtuellen DHCP-Servers auch zwischen den OpenVPN-Prozessen geteilt werden. Die optionale *lease-zeit* gibt in Sekunden an, wie lange die IP-Adresse beibehalten wird. Ein recht hoher Wert ist erwünscht, da er verhindert, dass Routen verloren gehen, während das System gerade im Standby-Modus ist. Der Standardwert ist hier 1 Jahr.

netsh

Mit dieser Methode setzt OpenVPN die Adapter-Einstellungen über den netsh-Befehl. Diese Methode scheint bei Windows XP zwar zu funktionieren, bereitet aber unter Windows 2000 Probleme. Ab OpenVPN 2.1 kann diese Methode auch DNS- und WINS-Serveradressen eintragen.

ipapi

Ist diese Option gesetzt, so wird die IP-Adresse und Netzmaske über die Windows-IP-API gesetzt. Obwohl diese Option intern nicht sehr sauber verläuft, scheint es in der Praxis gut zu funktionieren. Wenn Sie diese Option verwenden, sollten Sie die Einstellungen des TAP-Win32-Adapters auf den Standardwerten belassen.

adaptive `Version 2.1`

Diese Option ist ab der OpenVPN-Version 2.1 die Standardeinstellung. Hierbei wird zunächst die dynamic-Methode versucht, und wenn diese nicht innerhalb von 20 Sekunden zum Erfolg führt, wird auf die netsh-Methode umgeschwenkt. Nachdem einmal auf die netsh-Methode zurückgegriffen wurde, ändert OpenVPN die Netzwerkeigenschaften des TAP-Win32-Geräts von dynamisch auf statisch, so dass weitere Verbindungsversuche gar nicht erst die dynamic-Methode versuchen. Um dieses Verhalten wieder zurückzusetzen, müssen Sie OpenVPN einmal explizit mit der dynamic-Methode starten. Ursachen für das Fehlschlagen der dynamic-Methode können in Firewalls liegen, die die DHCP-Anfragen des TAP-Win32-Geräts blockieren.

```
route-method ipapi|exe  Version 2.0
route-method adaptive|ipapi|exe  Version 2.1
```

Über diese Direktive können Sie angeben, mit welcher Methode Routen unter Windows hinzugefügt werden. Über die `ipapi`-Option werden Routen über die Windows-API hinzugefügt, und mit der Option exe wird der externe route.exe-Befehl aufgerufen. Die Option `adaptive` in der Version 2.1 versucht zunächst, die `ipapi`-Methode auszuführen, und fällt auf die exe-Methode zurück, falls `ipapi` fehlschlägt.

```
dhcp-option type [parm]
```

Diese Direktive kann genutzt werden, um weitere Einstellungen des TAP-Win32-Adapters vorzugeben. Um diese Direktive benutzen zu können, müssen Sie `ip-win32` auf den Wert `dynamic` gestellt haben. Diese Einstellungen sind insbesondere dann von Wert, wenn Sie den OpenVPN-Client so einrichten wollen, dass er auf einen Samba-Server über den VPN-Tunnel zugreifen kann. Die folgenden Typen können vorgegeben werden:

```
DOMAIN name
```

Setzt das verbindungsspezifische DNS-Suffix.

```
DNS addr
```

Setzt die IP-Adresse des primären DNS-Servers. Geben Sie diese Option ein zweites Mal an, um den sekundären DNS-Server zu setzen.

```
WINS addr
```

Setzt die IP-Adresse des primären WINS-Servers. Geben Sie diese Option ein zweites Mal an, um den sekundären WINS-Server zu setzen.

```
NBDD addr
```

Setzt die Adresse des primären NBDD-Servers. Geben Sie diese Option ein zweites Mal an, um den sekundären NBDD-Server zu setzen.

```
NTP addr
```

Setzt die Adresse des primären NTP-Servers. Geben Sie diese Option ein zweites Mal an, um den sekundären NTP-Server zu setzen.

NBT *typ*

> Setzt den NetBIOS-über-TCP/IP-Typ. Folgende Typen sind möglich: 1 – entspricht einer b-Node (Namensauflösung über Broadcasts), 2 – entspricht einer p-Node (Namensauflösung über WINS-Server), 4 – entspricht einer m-Node (Namensauflösung zuerst über Broadcasts, dann WINS-Server), 8 – entspricht einer h-Node (Namensauflösung zuerst über WINS-Server, dann über Broadcasts).

NBS *scope-id*

> Setzt den Scope für NetBIOS over TCP/IP. Mit Hilfe der Scope-ID können Sie verschiedene SMB-Netzwerke auf demselben physikalischen Netzwerk voneinander isolieren, da nur die Rechner mit derselben Scope-ID miteinander kommunizieren können. Die Scope-ID wird Teil des NetBIOS-Namens der Rechner.

DISABLE-NBT

> Unterbindet die Verwendung von NetBIOS over TCP/IP.

Beachten Sie, dass wenn diese Optionen mittels der push-Direktive an einen Nicht-Windows-OpenVPN-Client gesendet werden, dieser diese Optionen in den Umgebungsvariablen foreign_option_*typ* speichert, bevor die up-Skripten ausgeführt werden.

HINWEIS

Windows-Clients haben mitunter Probleme, DHCP-Optionen über VPN-Tunnel zu beziehen. Insbesondere gilt dies für DNS-Server-Adressen. Folgender Artikel der Microsoft Knowledge Base (Artikelnummer 311218) zeigt einen Workaround für diese Situation auf: http://support.microsoft.com/default.aspx?scid=kb;en-us;311218

---

tap-sleep *sekunden*

> Mit dieser Direktive können Sie OpenVPN dazu veranlassen, die angegebene Anzahl von *sekunden* zu schlafen, nachdem der TAP-Adapter in den Zustand »Verbunden« gewechselt ist. Diese Direktive ist dazu gedacht, Probleme mit den ifconfig-

und `ip-win32`-Direktiven aufzuspüren und dem Netzwerkadapter Zeit zu geben, sich zu initialisieren, bevor die Routing-Tabellen eingerichtet werden.

show-net-up

Ist diese Direktive angegeben, so gibt OpenVPN nach der Initialisierung des Netzwerkadapters sowie der Einrichtung der Routen die Liste der Netzwerkadapter und die Routing-Tabelle aus seiner Perspektive an die Log-Datei bzw. den Syslog-Dienst aus.

dhcp-renew

Mit Hilfe dieser Direktive wird Windows aufgefordert, die DHCP-Lease des `tap`-Gerätes beim Start neu anzufordern. Dies geschieht normalerweise automatisch, kann aber notwendig sein, wenn Sie die »Media Status«-Eigenschaft des Geräts auf »Immer verbunden« gesetzt haben.

dhcp-release

Mit dieser Direktive geben Sie explizit an, dass OpenVPN beim Beenden die DHCP-Lease des `tap`-Gerätes freigeben soll. Dies geschieht normalerweise automatisch, kann aber notwendig sein, wenn Sie die »Media Status«-Eigenschaft des Geräts auf »Immer Verbunden« gesetzt haben.

pause-exit

Ist diese Direktive angegeben, wird die Meldung »Press any key to continue« auf der Kommandozeilenumgebung ausgegeben, bevor OpenVPN beendet wird. Dies passiert automatisch, wenn OpenVPN über das Kontextmenü der rechten Maustaste veranlasst wird, eine Konfigurationsdatei zu öffnen.

service *exit-event* [0|1]

Diese Direktive sollte nur dann verwendet werden, wenn OpenVPN von einem anderen Prozess so ausgeführt wird, dass keine Interaktion mit dem Benutzer möglich ist. End-User sollten diese Direktive nie verwenden, da sie automatisch hinzugefügt wird, wenn OpenVPN als Dienst ausgeführt wird. *exit-event* gibt den Namen des globalen Windows-Event-Objekts an, das der OpenVPN-Prozess im Auge behält. Wird dieses Objekt mit einem Signal versehen, beendet sich der OpenVPN-Prozess. Der optionale zweite Parameter gibt den initialen Wert des Event-Objekts an.

show-adapters

Zeigt die TAP-Win32-Geräte, die mit der dev-node-Direktive ausgewählt werden können. Auf Unix-Systemen gibt ifconfig eine ähnliche Liste aus. Diese Direktive sollte alleine als Kommandozeilenargument genutzt werden.

allow-nonadmin [*tap-adapter*] `Version 2.1`

Mit dieser Direktive erlauben Sie den Zugriff auf den angegebenen tap-Adapter für Benutzer ohne administrative Rechte. Falls kein tap-Adapter explizit angegeben wird, werden alle tap-Adapter für nicht-administrative Benutzer freigeschaltet. Die Freischaltung hält nur so lange vor wie der Treiber und das TAP-Win32-Objekt sich im Speicher befinden. Werden sie entladen oder wird der Rechner neu gebootet, müssen sie wieder freigeschaltet werden. Diese Direktive sollte alleine als Kommandozeilenargument genutzt werden.

show-valid-subnets

Diese Direktive zeigt die gültigen Subnetze an, die für eine »dev tun«-Emulation genutzt werden können. Da der TAP-Win32-Treiber ein Ethernet-Gerät exportiert, tun-Geräte aber Punkt-zu-Punkt-Verbindungen darstellen, müssen gewisse Restriktionen bei der Adresswahl eines tun-Tunnelendpunktes angewendet werden. Die Adressen der Endpunkte müssen unter Windows die beiden mittleren Adressen eines /30er-Subnetzes sein.

show-net

Gibt die Perspektive des OpenVPN-Prozesses über die Netzwerkgeräte und Routing-Tabellen aus. Diese Direktive sollte alleine als Kommandozeilenargument genutzt werden.

PKCS11-Befehle

Weiterführende Informationen zum Thema PKCS#11 und kryptographische Tokens finden Sie in Abschnitt »Authentifizierung mit kryptographischen Tokens« auf Seite 117.

`show-pkcs11-slots` *provider* `Version 2.1`

Gibt eine Liste der Slots für den angegebenen *provider* aus. Diese Direktive sollte alleine als Kommandozeilenargument genutzt werden.

`show-pkcs11-objects` *provider slot* `Version 2.1`

Gibt eine Liste der Tokens aus, die im angegebenen *slot* des *providers* gefunden wurden. Diese Direktive sollte alleine als Kommandozeilenargument genutzt werden.

Externe Skripten und die Reihenfolge ihrer Ausführung

Die hier aufgeführten Direktiven veranlassen, dass externe Skripten aufgerufen werden. Die Direktiven sind hier in die Reihenfolge der Ausführung ihrer Skripten gebracht worden.

`up`

Nach dem UDP/TCP-Verbindungsaufbau und dem Öffnen des tun- bzw. tap-Geräts.

`route-up`

Nach der Verbindungsauthentifizierung. Entweder sofort oder nach einer Anzahl von Sekunden, die über die route-delay-Direktive vorgegeben sind.

`tls-verify`

Wenn dem verbundenen Rechner noch nicht vertraut wird.

`auth-user-pass-verify`

Im server-Modus, wenn ein neuer Client sich verbindet und dem Client noch nicht vertraut wird.

`learn-address`

Im server-Modus, wenn eine neue Ipv4-Adresse, ein Netzwerk oder eine MAC-Adresse den internen OpenVPN-Routing-Tabellen hinzugefügt wird.

`client-connect`

Im server-Modus direkt nach der Client-Authentifizierung.

`ipchange`
> Nach der Verbindungsauthentifizierung oder wenn die Gegenstelle ihre IP-Adresse ändert.

`client-disconnect`
> Im server-Modus, wenn ein Client die Verbindung unterbricht.

`down`
> Nach dem Herunterfahren der UDP/TCP-Verbindung und dem Schließen des tun- bzw. tap-Geräts.

Umschreiben von Zeichenketten

Um das Ausnutzen von potenziellen Sicherheitslücken zu erschweren, die durch bestimmte Zeichenketten, die z.B. an Skripten weitergereicht werden, möglich wären, werden unerlaubte Zeichen in einen Unterstrich (_) abgeändert. Im Folgenden werden die erlaubten Zeichen für die verschiedenen Variablen aufgeführt.

X509-Namen
> A-Z, a-z, 0-9, _, -, ., @, :, / und =.

CN
> A-Z, a-z, 0-9, _, -, . und @.

Benutzername von `auth-user-pass`
> Wie CN. Ab OpenVPN 2.0.1 wird der Benutzername an das OPENVPN_PLUGIN_AUTH_USER_PASS_VERIFY-Plugin ohne Umschreibungen weitergereicht.

Passwort von `auth-user-pass`
> Jedes druckbare Zeichen außer einem Wagenrücklauf oder Zeilenvorschub. Druckbare Zeichen sind die, bei denen die C-Funktion isprint() den Wert »wahr« zurückgibt.

Dateiname von `client-config-dir`
> A-Z, a-z, 0-9, _, - und ., außer wenn . oder .. die vollständige Zeichenkette darstellen. Ab OpenVPN 2.0.1-rc6 ist auch @ erlaubt.

Namen von Umgebungsvariablen
> A-Z, a-z, 0-9, _.

Werte von Umgebungsvariablen
Alle druckbaren Zeichen.

Umgebungsvariablen

Werte von Umgebungsvariablen werden nur mit neuen Werten überschrieben. Das heißt, solange keine neuen Werte in den Umgebungsvariablen gespeichert werden, ist der alte Wert auch in folgenden Skripten auslesbar. Wird OpenVPN im server-Modus betrieben, so werden ab der Version 2.0-beta12 die Variablen der verschiedenen Clients voneinander abgekapselt. Damit wird verhindert, dass ein Client-Skript die Werte eines anderen Clients auslesen kann.

bytes_received

Die gesamte Anzahl an Bytes, die vom Client während der VPN-Sitzung empfangen wurden. Dieser Wert wird vor der Ausführung des client-disconnect-Skripts gesetzt.

bytes_sent

Die gesamte Anzahl an Bytes, die an den Client während der VPN-Sitzung gesendet wurden. Diese Umgebungsvariable kann vom client-disconnect-Skript ausgelesen werden.

common_name

Der X509-CN des authentifizierten Clients. Wird vor der Ausführung der client-connect-, client-disconnect- und auth-user-pass-verify-Skripten gesetzt.

config

Der Name der ersten config-Datei. Wird bei der Programm-Initialisierung gesetzt und bei einem Neustart zurückgesetzt.

daemon

Der Wert ist 1, wenn die daemon-Direktive angegeben ist, ansonsten 0. Wird bei der Programm-Initialisierung gesetzt und bei einem Neustart zurückgesetzt.

daemon_log_redirect

Der Wert ist 1, wenn die log- oder log-append-Direktive angegeben ist, ansonsten 0. Wird bei der Programm-Initialisierung gesetzt und bei einem Neustart zurückgesetzt.

dev

Der tatsächliche Name des tun- oder tap-Geräts, inklusive der Gerätenummer, sofern eine existiert. Wird vor der Ausführung der up- und down-Skripten gesetzt.

foreign_option_{n}

Enthält Werte, die mittels push an einen Client geschoben wurden, dessen Betriebssystem die Optionen nicht direkt unterstützt (z.B. DHCP-Optionen auf Nicht-Windows-Systemen). Wird vor der Ausführung der up-Skripten gesetzt.

ifconfig_broadcast

Die Broadcast-Adresse des virtuellen Ethernet-Segments des tap-Geräts, sofern eines genutzt wird. Der Wert wird aus den Argumenten der ifconfig-Direktive erschlossen. Wird vor dem Ausführen des ifconfig- (Unix) bzw. netsh-Befehls (Windows) gesetzt, was vor der Ausführung der up-Skripten geschieht.

ifconfig_local

Die IP-Adresse des lokalen Tunnelendpunktes, wie mit der ifconfig-Direktive angegeben. Wird vor dem Ausführen des ifconfig- (Unix) bzw. netsh-Befehls (Windows) gesetzt, was vor der Ausführung der up-Skripten geschieht.

ifconfig_remote

Die IP-Adresse des entfernten Tunnelendpunktes, wie mit der ifconfig-Direktive angegeben. Wird vor dem Ausführen des ifconfig- (Unix) bzw. netsh-Befehls (Windows) gesetzt, was vor der Ausführung der up-Skripten geschieht.

ifconfig_netmask

Die Netzmaske des virtuellen Ethernet-Segments des tap-Geräts, sofern eines genutzt wird. Der Wert wird aus den Argumenten der ifconfig-Direktive erschlossen. Wird vor dem Ausführen des ifconfig- (Unix) bzw. netsh-Befehls (Windows) gesetzt, was vor der Ausführung der up-Skripten geschieht.

ifconfig_pool_local_ip

Die virtuelle IP-Adresse des lokalen Endpunktes eines tun-Tunnels, der aus den Werten der ifconfig-push-Direktive ausgelesen wurde. Ansonsten enthält sie den Wert der ifconfig-pool-Direktive. Diese Umgebungsvariable ist nur gesetzt, wenn ein tun-Gerät verwendet wird. Wird auf dem Server vor der Ausführung der client-connect- und client-disconnect-Skripten gesetzt.

ifconfig_pool_netmask

Die virtuelle Netzmaske eines tap-Tunnels, der aus den Werten der ifconfig-push-Direktive ausgelesen wurde. Ansonsten enthält sie den Wert der ifconfig-pool-Direktive. Diese Umgebungsvariable ist nur gesetzt, wenn ein tap-Gerät verwendet wird. Wird auf dem Server vor der Ausführung der client-connect- und client-disconnect-Skripten gesetzt.

ifconfig_pool_remote_ip

Die virtuelle IP-Adresse des entfernten Endpunktes eines tun-Tunnels, der aus den Werten der ifconfig-push-Direktive ausgelesen wurde. Ansonsten enthält sie den Wert der ifconfig-pool-Direktive. Wird auf dem Server vor der Ausführung der client-connect- und client-disconnect-Skripten gesetzt.

link_mtu

Die maximale Paketgröße ohne den IP-Header von Datenpaketen im UDP-Tunnel-Modus. Wird vor der Ausführung der up- und down-Skripten gesetzt.

local

Der Wert der local-Direktive. Wird bei der Programminitialisierung gesetzt und bei einem SIGHUP-Signal zurückgesetzt.

local_port

Der lokale Port des Tunnels, entsprechend dem Wert der port- oder lport-Direktive. Wird bei der Programminitialisierung gesetzt und bei einem SIGHUP-Signal zurückgesetzt.

password

Das Passwort, das ein Client dem Server übergeben hat. Wird vor der Ausführung des auth-user-pass-verify-Skriptes gesetzt, aber nur, wenn der via-env-Parameter gesetzt ist. Der Wert wird nach der Beendigung des Skriptes wieder gelöscht.

proto
> Der Wert der proto-Direktive. Wird bei der Programminitialisierung gesetzt und bei einem SIGHUP-Signal zurückgesetzt.

remote_{n}
> Der Wert der remote-Direktive. Wird bei der Programminitialisierung gesetzt und bei einem SIGHUP-Signal zurückgesetzt.

remote_port_{n}
> Der entfernte Port des Tunnels, entsprechend dem Wert der port- oder rport-Direktive. Wird bei der Programminitialisierung gesetzt und bei einem SIGHUP-Signal zurückgesetzt.

route_net_gateway
> Die IP-Adresse des bereits existierenden Standardgateways der Routing-Tabellen des Betriebssystems. Wird vor der Ausführung der up-Skripten gesetzt.

route_vpn_gateway
> Das Standardgateway, das von der route-Direktive genutzt wird, entsprechend der route-gateway-Direktive bzw. dem zweiten ifconfig-Parameter, wenn ein tun-Gerät genutzt wird. Wird vor dem Ausführen der up-Skripten gesetzt.

route_{param}_{n}
> Eine Reihe von Variablen, die neue Routen beschreiben. param ist eines der folgenden Schlüsselwörter: network, netmask, gateway oder metric. n gibt die OpenVPN-Routen-Nummer an, angefangen bei 1. Sind network oder gateway über DNS auflösbare Hostnamen, so werden deren IP-Adressen hier gesetzt. Diese Werte werden vor der Ausführung der up-Skripten gesetzt.

script_context
> Wird auf »init« oder »restart« vor der Ausführung der up- oder down-Skripten gesetzt.

script_type
> Der Wert ist eines der folgenden Schlüsselwörter: auth-user-pass-verify, client-connect, client-disconnect, down, ipchange, learn-address, route-up, tls-verify oder up. Der Wert wird vor der Ausführung jedes Skripts gesetzt.

signal
> Gibt den Grund für die Beendigung oder den Neustart des Prozesses an. Der Wert ist eines der folgenden Schlüsselwörter: sigusr1, sighup, sigterm, sigint, inactive (nach dem Wert der inactive-Direktive), ping-exit (nach dem Wert der ping-exit-Direktive), ping-restart (nach dem Wert der ping-restart-Direktive), connection-reset (aufgrund eines TCP-Resets), error oder unknown (unbekanntes Signal). Wird vor der Ausführung des down-Skripts gesetzt.

time_ascii `Version 2.1`
> Der Zeitpunkt, an dem sich der Client mit dem Server verbunden hat. Die Zeit ist in einem von Menschen direkt interpretierbaren Format angegeben. Der Wert wird vor der Ausführung des client-connect-Skripts gesetzt.

time_duration `Version 2.1`
> Enthält die Dauer der Verbindung in Sekunden. Dieser Wert wird vor der Ausführung des client-disconnect-Skripts gesetzt.

time_unix `Version 2.1`
> Der Zeitpunkt, zu dem sich der Client mit dem Server verbunden hat. Die Zeit ist als Unix-Zeitstempel angegeben, also in Sekunden seit Mitternacht des 01.01.1970. Der Wert wird vor der Ausführung des client-connect-Skripts gesetzt.

tls_id_{n}
> Eine Reihe von Variablen, die die Felder des TLS-Zertifikats der Gegenstelle beschreibt. n gibt die Verifikationstiefe an. Diese Variablen werden nur für TLS-Verbindungen gesetzt. Sie werden vor der Ausführung der tls-verify-Skripten gesetzt.

tls_serial_{n}
> Eine Reihe von Variablen, die die Seriennummer des TLS-Zertifikats der Gegenstelle beschreibt. n gibt die Verifikationstiefe an. Diese Variablen werden nur für TLS-Verbindungen gesetzt. Sie werden vor der Ausführung der tls-verify-Skripten gesetzt.

tun_mtu
> Gibt die MTU des tun- bzw. tap-Gerätes an. Wird vor der Ausführung der up- oder down-Skripten gesetzt.

trusted_ip

Die tatsächliche IP-Adresse der authentifizierten Tunnelgegenstelle. Wird vor der Ausführung der ipchange-, client-connect- und client-disconnect-Skripten gesetzt.

trusted_port

Die tatsächliche Portnummer der authentifizierten Tunnelgegenstelle. Wird vor der Ausführung der ipchange-, client-connect- und client-disconnect-Skripten gesetzt.

untrusted_ip

Die tatsächliche IP-Adresse einer nicht-authentifizierten Tunnelgegenstelle. Mitunter wird nmap in tls-verify-Skripten genutzt, um sicherzustellen, dass die Gegenstelle von der Firewall richtig geblockt wird. Wird vor der Ausführung der tls-verify- und auth-user-pass-verify-Skripten gesetzt.

untrusted_port

Der tatsächliche Port einer nicht-authentifizierten Tunnelgegenstelle. Wird vor der Ausführung der tls-verify- und auth-user-pass-verify-Skripten gesetzt.

username

Der Benutzername, der von einem sich verbindenden Client angegeben wurde. Wird vor der Ausführung der auth-user-pass-verify-Skripten gesetzt, aber nur, wenn der via-env-Parameter angegeben ist.

## KAPITEL 4

Das Management-Interface

OpenVPN lässt sich über das Management-Interface zur Laufzeit über eine TCP-Verbindung administrieren. Obwohl es eigentlich dazu gedacht ist, von Programmen zur Tunnelsteuerung genutzt zu werden, kann es auch mittels Telnet (im raw-Modus, das passiert bei vielen Telnet-Clients automatisch) angesprochen werden, um so eine direkte, interaktive Steuerung zu ermöglichen.

Um das Management-Interface zu aktivieren, verwenden Sie die `management`-, `management-query-passwords`- und `management-log-cache`-Direktiven. Details zu diesen Direktiven finden Sie in Kapitel 3, *Konfigurationsparameter*. Nach dem Start des OpenVPN-Prozesses bindet sich das Management-Interface an die IP-Adresse und den Port, der in der `management`-Direktive angegeben ist. Da der Netzwerkverkehr zum Management-Interface nicht verschlüsselt ist, wird empfohlen, das Interface entweder an `localhost` (127.0.0.1) oder an die IP-Adresse des Tunnelendpunktes zu binden. Eine Fernwartung wäre dann über den VPN-Tunnel mit gewissen Einschränkungen möglich. So ist es beispielsweise nicht möglich, über den VPN-Tunnel Passwörter für private Schlüssel anzugeben, da diese ja schon vor dem Aufbau des Tunnels bekannt sein müssen.

Beachten Sie, dass sich immer nur ein Client gleichzeitig sich mit dem Management-Interface verbinden kann.

Befehle

Die Befehle, die das Management-Interface zur Verfügung stellt, sind im Folgenden aufgeführt. Bei Befehlseingaben werden Tabulatoren und Leerzeichen als Trennzeichen verstanden. Wenn Sie Parameter angeben wollen, die Leerzeichen beinhalten, sollten Sie diese in Anführungszeichen (") setzen. Ein Backslash (\) wird als Escape-Zeichen genutzt. Insbesondere werden die folgenden Escape-Sequenzen erkannt: \\ gibt einen Backslash aus, \" gibt ein Anführungszeichen aus, und \[Leerzeichen] nimmt diesem Leerzeichen die Bedeutung des Trennzeichens.

bytecount *sekunden* `OpenVPN 2.1`

Gibt alle *sekunden* die Anzahl der empfangenen und übertragenen Bytes an. Mit dem Sekundenwert von 0 können Sie die Ausgabe wieder beenden.

echo [on|off] [all|*anzahl*]

Mit diesem Befehl kann man die Anzeige von Nachrichten vom OpenVPN-Prozess aktivieren und deaktivieren. Mit dem Parameter on wird die Echtzeit-Ausgabe der Nachrichten aktiviert, mit off deaktiviert. Mit dem Parameter all werden alle Nachrichten im Puffer angezeigt, mit *anzahl* wird die Ausgabe auf die letzten *anzahl* Einträge beschränkt. Die Puffergröße ist zurzeit auf 100 Nachrichten im OpenVPN-Programm festgelegt. Werden die Parameter on und all zusammen verwendet, so wird in einer atomaren Aktion die Liste aller Nachrichten des Open-VPN-Prozesses im Puffer angezeigt und die Echtzeitausgabe der Nachrichten aktiviert.

Das Ausgabeformat von Echtzeitnachrichten sieht wie folgt aus:

>ECHO:*unix-zeitstempel,nachricht*

wobei der *unix-zeitstempel* die Anzahl der Sekunden seit Mitternacht des 01.01.1970 bis zu dem Zeitpunkt angibt, an dem die Nachricht empfangen wurde. Die Ausgabe des Nachrichtenpuffers über echo all ist ähnlich, jedoch ohne das führende >ECHO:

unix-zeitstempel1,nachricht1
unix-zeitstempel2,nachricht2
...
END

exit

Beendet die Sitzung und veranlasst das Management-Interface, nach dem nächsten Client zu lauschen. Aktuell kann sich nur ein Client gleichzeitig mit dem Management-Interface verbinden.

`quit`

Ein Alias für `exit`.

`help`

Gibt eine kurze Auflistung der verfügbaren Befehle aus.

`hold [on|off|release]`

Mit diesem Befehl kann der hold-Zustand des OpenVPN-Prozesses angezeigt und geändert werden. Wird OpenVPN bei der Initialisierung oder nach einem Neustart in den hold-Zustand versetzt, so fällt der Prozess in einen Schlafmodus und akzeptiert so lange keine Verbindungen, bis ein `hold release`-Befehl erteilt wird.

Der hold-Zustand ist persistent und wird durch einen Prozess-Neustart nicht zurückgesetzt. Um OpenVPN im hold-Zustand zu starten, verwenden Sie die `management-hold`-Direktive. Der OpenVPN-Prozess schickt die folgende Nachricht, wenn er in den hold-Zustand versetzt wurde:

```
>HOLD:Waiting for hold release
```

Wird der Befehl ohne Parameter eingegeben, so wird der aktuelle hold-Zustand angezeigt. 1 heißt, dass OpenVPN im hold-Zustand ist, 0 bedeutet, dass OpenVPN sich nicht im hold-Zustand befindet. Mit dem Parameter `on` wird der persistente hold-Zustand aktiviert, mit `off` wird der persistente hold-Zustand deaktiviert. Über den Parameter `release` wird der hold-Zustand für den aktuellen Prozess einmalig deaktiviert, der persistente Zustandswert wird jedoch nicht verändert.

`kill client_instanz`
`kill IP:port`

Mit Hilfe von `kill` können Sie auf einem OpenVPN-Prozess im server-Modus die Verbindung zu bestimmten Client-Instanzen kappen. Nutzen Sie den Status-Befehl, um eine Liste der verbundenen Clients zu erhalten.

`log [on|off] [all|anzahl]`

Mit dem `log`-Befehl können Sie das Anzeigen der Protokolldatei im Management-Interface steuern. Jedoch sind nur eine begrenzte Anzahl der letzten, aktuellsten Zeilen der Protokolldatei im Management-Interface verfügbar. Die konkrete Anzahl der verfügbaren Zeilen können Sie über die `management-log-cache`-Direktive angeben.

Mit dem Parameter on aktivieren Sie die Echtzeit-Ausgabe von neuen Protokollzeilen, mit off deaktivieren Sie diese Ausgabe wieder. Mit log *anzahl* können Sie sich die letzten *anzahl* Zeilen der Protokolldatei anzeigen lassen, mit dem Parameter all werden alle verfügbaren Zeilen der Protokolldatei angezeigt. Protokollzeilen in der Echtzeit-Ausgabe haben das folgende Format:

> `>LOG:unix-zeitstempel,flags,nachricht`

Das Format des *unix-zeitstempels* wurde in der Beschreibung des echo-Befehls aufgeführt. *flags* können 0 oder mehr der folgenden Zustandsangaben sein: I (Informationsnachricht), F (fataler Fehler, der zur Prozessbeendigung führt), N (nicht-fataler Fehler), W (Warnung) und D (Debug-Nachricht).

needok *nachrichtenname zustand* OpenVPN 2.1

Ab der OpenVPN-Version 2.1 kann der Prozess eine NEED-OK-Nachricht an das Management-Interface senden. Hiernach blockiert der Prozess so lange, bis die Meldung mit dem needok-Befehl quittiert wird. Die Ausgabe der NEED-OK-Nachricht sieht wie folgt aus:

> `>NEED-OK:Need 'nachrichtenname' confirmation MSG:nachricht`

Die *nachricht* kann dem Benutzer von den Programmen angezeigt werden, die das Management-Interface verwenden. *nachrichtenname* ist der Name der Nachricht, die quittiert werden soll. *zustand* kann entweder ok oder cancel sein.

mute [anzahl]

Mit diesem Befehl können Sie sich den Wert der mute-Direktive anzeigen lassen oder ihn zur Laufzeit ändern. Wird der Befehl ohne Parameter angegeben, so wird der aktuelle mute-Wert angezeigt. Mit dem *anzahl*-Parameter wird der Wert der mute-Direktive für diese Prozess-Instanz auf die angegebene Anzahl gesetzt. Beachten Sie, dass nach einem Neustart des Prozesses wieder der Wert der Konfigurationsdatei greift. Eine Beschreibung der mute-Direktive finden Sie in Kapitel 3, *Konfigurationsparameter*.

net

Dieser Befehl steht nur unter Windows zur Verfügung und ist analog zur `show-net`-Direktive. Es wird eine Liste ausgegeben, die die Netzwerkadapter und Routing-Tabellen aus der Sicht des OpenVPN-Prozesses enthält, so wie sie die Windows-IP-API zurückliefert.

password *typ passwort*

Wurde die `management-query-passwords`-Direktive verwendet, so fragt OpenVPN das Management-Interface nach Passwörtern für private Schlüssel und Benutzername/Passwort-Kombinationen der `auth-user-pass`-Direktive. Hierzu wird jeweils eine Nachricht an das Management-Interface geschickt.

Wird ein Passwort für einen privaten Schlüssel benötigt, schickt OpenVPN folgende Nachricht:

```
>PASSWORD: Need 'Private Key' password
```

`Private Key` ist hier der *typ*, mit dem auch das Passwort angegeben werden muss.

Hierauf kann mit dem Befehl

```
password "Private Key" mein_passwort
```

geantwortet werden. Wurde ein falsches Passwort eingegeben, so wird dies mit der Nachricht

```
>PASSWORD:Verification Failed: 'Private Key'
```

quittiert.

Ist eine Benutzername/Passwort-Kombination für die `auth-user-pass`-Direktive nötig, so wird die folgende Nachricht angezeigt:

```
>PASSWORD: Need 'Auth' username/password
```

Hierauf sollte mit den beiden Befehlen

```
username mein_benutzername
password mein_passwort
```

geantwortet werden. Schlägt die Authentifizierung fehl, gibt OpenVPN dies mit einer Nachricht zu Protokoll:

```
>PASSWORD:Verification Failed: 'Auth'
```

username
> Wird zusammen mit dem passwort-Befehl verwendet, um den Benutzernamen für die Abfrage der auth-user-pass-Direktive anzugeben. Eine nähere Beschreibung finden Sie in der Beschreibung des password-Befehls.

signal *signal*
> Mit diesem Befehl können Sie ein Signal an den OpenVPN-Prozess schicken. *signal* kann entweder SIGHUP, SIGTERM, SIGUSR1 oder SIGUSR2 sein.

state [on|off] [all|*anzahl*]
> Dieser Befehl dient zum Anzeigen und Ändern von Zustandsnachrichten.
>
> Ohne Parameter wird der aktuelle Zustand ausgegeben. Mit dem Parameter on wird die Echtzeit-Ausgabe von Zustandsnachrichten aktiviert, und mit dem Parameter off wird sie wieder deaktiviert. Über den Parameter *anzahl* können die aktuellsten *anzahl* Zustandsänderungen ausgegeben werden, und mit all werden alle Zustandsänderungen im Puffer angezeigt. Mit der Parameterkombination on all wird atomar der Zustandspuffer ausgegeben und die Echtzeit-Ausgabe neuer Nachrichten aktiviert. Echtzeit-Nachrichten haben das folgende Format:
>
> ```
> >STATE:unix-zeitstempel,zustand,optionale_
> beschreibung,optionale_lokale_ip_adresse
> ```
>
> Eine Beschreibung des *unix-zeitstempels* finden Sie in der Befehlsbeschreibung von echo. Die *optionale_beschreibung* wird meist bei den Zuständen RECONNECTING und EXITING angezeigt, die *optionale_lokale_ip_adresse* bei den Zuständen ASSIGN_IP und CONNECTED.
>
> Die Zustände, in denen sich der OpenVPN-Prozess befinden kann, sind im Folgenden aufgeführt:

CONNECTING
> Der Anfangszustand nach einem (Neu-)Start.

WAIT
> OpenVPN wartet auf die erste Nachricht vom Server (nur im client-Modus).

AUTH
> Authentifizierung mit dem Server findet gerade statt (nur im client-Modus).

GET_CONFIG
> Konfigurationsoptionen werden vom Server geladen (nur im client-Modus).

ASSIGN_IP
> Eine IP-Adresse wird dem virtuellen Netzwerk-Interface zugewiesen.

ADD_ROUTES
> Routen werden zum System hinzugefügt.

CONNECTED
> Der Verbindungsaufbau ist abgeschlossen.

RECONNECTING
> Die Verbindung wird nach einem Tunnel-Neustart neu aufgebaut.

EXITING
> Der OpenVPN-Prozess wird gerade beendet.

status [2]
> Hiermit können Sie den aktuellen Status des OpenVPN-Dienstes ausgeben lassen, analog zur Ausgabe der status-Direktive. Insbesondere kann dieser Befehl genutzt werden, um eine Liste von verbundenen Clients anzuzeigen, deren Verbindung mit dem Befehl kill beendet werden kann. Ohne Parameter wird der aktuelle Status des OpenVPN-Dienstes im Statusformat Version1 ausgegeben. Mit dem Parameter 2 wird die Ausgabe im Statusformat Version 2 ausgegeben.

test *anzahl*
> Gibt *anzahl* Zeilen an Benachrichtigungen an, die zum Testen und Debuggen von Programmen genutzt werden können, die mit dem Management-Interface interagieren.

verb *anzahl*
> Mit diesem Befehl können Sie die Ausgabefreudigkeit des OpenVPN-Prozesses steuern. *anzahl* kann zwischen 0 (keine Ausga-

ben) und 15 (alle Ausgaben) liegen. Eine Beschreibung des *anzahl*-Parameters finden Sie in der Beschreibung der verb-Direktive in Kapitel 3, *Konfigurationsparameter*.

version
: Gibt die Version von OpenVPN und des Management-Interfaces aus.

auth-retry none|nointeract|interact
: Mit diesem Befehl können Sie den Wert der auth-retry-Direktive zur Laufzeit ändern. Eine Beschreibung der Parameter finden Sie in der Beschreibung der auth-retry-Direktive in Kapitel 3, *Konfigurationsparameter*.

Befehle werden mit einer Meldung des Typs »SUCCESS: *beschreibungstext*« oder »ERROR: *beschreibungstext*« quittiert, je nachdem, ob sie erfolgreich ausgeführt werden konnten oder ob es zu einem Fehler bei der Befehlsausführung kam. Geben Befehle eine Liste aus, so wird diese Liste mit dem Schlüsselwort »END« abgeschlossen.

Echtzeit-Nachrichten haben das folgende Format:

>typ:text

wobei *typ* einer der folgenden Werte sein kann:

ECHO
: Eine Nachricht, die aufgrund des echo-Befehls ausgegeben wird.

FATAL
: Ein Fehler, der zur Beendigung des OpenVPN-Prozesses führt.

HOLD
: Wird genutzt, um anzugeben, dass sich der OpenVPN-Prozess im hold-Zustand befindet und erst nach einem hold release-Befehl Verbindungen aufbaut bzw. akzeptiert.

INFO
: Informationsnachrichten, z.B. eine Willkommensmeldung.

LOG
: Eine Zeile der Protokolldatei.

PASSWORD

Gibt an, dass der OpenVPN-Prozess eine Passworteingabe erwartet.

STATE

Gibt den aktuellen Zustand des OpenVPN-Prozesses aus.

NEED-OK

Eine Nachricht, die vom Benutzer quittiert werden muss.

Authentifizierung und Zertifikatsverwaltung

In diesem Kapitel wird die Erstellung einer eigenen Certificate Authority (CA) behandelt, das Erstellen und Signieren von Clientzertifikaten sowie die Verwaltung einer Certificate Revocation List (CRL) zum Umgang mit abgelaufenen oder kompromittierten Schlüsseln. Es wird hierbei davon ausgegangen, dass Sie OpenSSL als TLS-Bibliothek und Grundlage der Zertifikatshierarchie verwenden. OpenVPN enthält einen Satz Skripte im Verzeichnis easy-rsa, auf die wir zuerst eingehen. Danach wird aufgeführt, wie eine Zertifikatsverwaltung manuell mit OpenSSL aussehen kann. Schließlich wird noch auf die Erstellung statischer Schlüssel eingegangen, falls Sie den TLS-Modus nicht benutzen wollen oder können.

Zertifikate mit easy-rsa verwalten

OpenVPN liefert im easy-rsa-Verzeichnis einen Satz Skripten mit, die die Erstellung und Verwaltung von SSL-Zertifikaten und allem, was dazugehört, bedeutend vereinfacht. Dieser Abschnitt bezieht sich hauptsächlich auf *easy-rsa 1.0*, das mit OpenVPN 2.0 mitgeliefert wird. Unterschiede zu *easy-rsa 2.0*, das mit OpenVPN 2.1 mitgeliefert wird, werden an den jeweiligen Stellen hervorgehoben. Wenn Sie das OpenVPN-Paket Ihrer Linux-Distribution installiert haben, kann das Verzeichnis an verschiedenen Stellen des Systems untergebracht sein, z.B. unter /usr/share/doc/openvpn/examples/ easy-rsa oder unter /usr/share/openvpn/easy-rsa.

In den folgenden Befehlsaufrufen gehen wir davon aus, dass Sie das gesamte easy-rsa-Verzeichnis nach /root/my-ca kopiert haben.

Konfiguration

Zunächst müssen Sie easy-rsa an Ihre Bedürfnisse anpassen, indem Sie die Datei vars editieren.

HINWEIS

Manche der folgenden Variablen verweisen auf die Datei openssl.cnf. Der Inhalt dieser Datei hat sich für die easy-rsa-Version 2.0 geändert. Entsprechend kann easy-rsa in der Version 2.0 nicht mit einer openssl.cnf-Datei aus der easy-rsa-Distribution der Version 1.0 funktionieren.

In dieser Datei sollten Sie die folgenden Parameter anpassen:

D (easy-rsa 1.0)
EASY_RSA (easy-rsa 2.0)
: Das Basis-Verzeichnis, in dem easy-rsa seine Daten ablegt. Dieses Verzeichnis sollte auch die Datei openssl.cnf von easy-rsa enthalten. Der Standardwert ist das aktuelle Arbeitsverzeichnis.

KEY_CONFIG
: Zeigt auf die openssl.cnf-Datei von easy-rsa. Standardmäßig wird die Datei in dem Verzeichnis gesucht, das in der Variable D angegeben ist. Wenn Sie den Wert von D verändert haben, sollten Sie die openssl.cnf-Datei an die hier angegebene Stelle kopieren.

KEY_DIR
: Gibt das Verzeichnis an, in dem easy-rsa erstellte Zertifikate ablegt. Wenn dieses Verzeichnis existiert, wird es beim Aufruf von clean-all gelöscht. Seien Sie also vorsichtig, welches Verzeichnis Sie hier angeben.

KEY_SIZE (optional)
: Gibt die Schlüssellänge von erstellten Zertifikaten in Bit an. Der Standardwert sind 1024 Bit. Wenn Sie mit einer etwas langsameren Schlüsselaushandlung keine Probleme haben, können Sie diesen Wert auf 2048 erhöhen. Die verwendete Schlüssellänge muss an beiden Enden eines TLS-Tunnels gleich sein.

KEY_COUNTRY
   Das ISO-Kürzel des Landes, in dem Sie sich befinden.

KEY_PROVINCE
   Der Bundesstaat, in dem Sie sich befinden.

KEY_CITY
   Die Stadt, in der Sie sich befinden.

KEY_ORG
   Der Name der Organisation, für die diese CA erstellt wurde
   (z.B. Ihr Firmenname, wenn Sie OpenVPN für Ihre Firma verwenden).

KEY_EMAIL
   Die E-Mail-Adresse des CA-Administrators.

KEY_EXPIRE (easy-rsa 2.0)
   Wie viele Tage nach der Erstellung eines CSRs soll das Zertifikat ablaufen? Diese Variable ist nur in der Version 2.0 verfügbar.

CA_EXPIRE (easy-rsa 2.0)
   Wie viele Tage nach der Erstellung soll die CA ablaufen? Diese
   Variable ist nur in der Version 2.0 verfügbar.

Nachdem Sie die vars-Datei angepasst haben, wechseln Sie in das
Verzeichnis, das die vars-Datei enthält (wenn Sie nicht bereits dort
sind), und lesen sie mit dem folgenden Befehl ein:

```
. vars
```

Rufen Sie nun einmal das Skript clean-all von easy-rsa auf, um die
notwendigen Unterverzeichnisse anzulegen:

```
./clean-all
```

Erstellen einer CA

Um eine CA zu erstellen, wechseln Sie zunächst in Ihr easy-rsa-
Verzeichnis, lesen die Konfiguration ein und führen dann das
build-ca-Skript aus:

```
. vars
./build-ca
```

Das Zertifikat und der Schlüssel Ihrer CA werden als ca.crt und ca.key in dem Verzeichnis gespeichert, das Sie in der KEY_DIR-Variable der vars-Datei angegeben haben.

Erstellen einer Sub-CA

Dieser ist nicht zwingend erforderlich um erfolgreich, Zertifikate zu erstellen. Um eine Sub-CA zu erstellen, wechseln Sie zunächst in Ihr easy-rsa-Verzeichnis und lesen die Konfiguration ein. Führen Sie dann das build-inter-Skript aus:

```
. vars
./build-inter name
```

Das build-inter-Skript erwartet einen Namen für die Sub-CA als Kommandozeilenparameter.

Das Zertifikat und der Schlüssel Ihrer Sub-CA werden als name.crt und name.key in dem Verzeichnis gespeichert, das Sie in der KEY_DIR-Variable der vars-Datei angegeben haben.

Mit easy-rsa in der Version 2.0 ist es möglich, eine neue PKI aus einer Sub-CA heraus aufzubauen. Diese neue PKI muss eine eigene vars-Datei und ein eigenes KEY_DIR-Verzeichnis haben. Ansonsten ist der Vorgang zum Aufbauen der PKI identisch mit dem normalen Vorgang, lediglich muss anstelle des build-ca-Skripts das Skript inherit-inter verwendet werden.

Diffie-Hellman-Parameterdatei erstellen

Dieser Schritt ist nur für den Rechner erforderlich, der als TLS-Server agiert. Wechseln Sie zunächst in Ihr easy-rsa-Verzeichnis, lesen Sie die Konfiguration ein, und führen Sie dann das build-dh-Skript aus:

```
. vars
./build-dh
```

Certificate Signing Requests erstellen

Zunächst benötigen Sie eine Kopie des CA-Zertifikats auf dem Rechner, auf dem Sie die CSR erstellen wollen. Das CA-Zertifikat kann auf unsicherem Weg wie z.B. per unverschlüsselter E-Mail übertragen werden, aber Sie sollten hinterher verifizieren, dass das Zertifikat nicht auf dem Übertragungsweg manipuliert wurde (beispielsweise, indem Sie die Ausgabe des md5sum-Befehls für die Zertifikatsdatei zwischen Absender und Empfänger vergleichen).

Wenn Sie Ihre CSRs auf den jeweiligen Clients erstellen wollen, brauchen Sie zunächst eine Kopie der vars-Datei von der CA auf jedem Client. Um das CSR zu erstellen, wechseln Sie in Ihr easy-rsa-Verzeichnis, lesen die Konfiguration ein und führen dann das build-req-Skript aus:

```
. vars
./build-req name
```

Wählen Sie als *name* eine eindeutige Kennzeichnung für dieses Zertifikat, z.B. den Namen des Rechners, für den dieses Zertifikat bestimmt ist.

Bei der Abfrage der Parameter können Sie die meisten ignorieren, verwenden Sie aber einen eindeutigen Namen für den Common Name-Parameter. Sie können die Passwortfelder frei lassen. Wenn Sie ein Passwort angeben, wird der Schlüssel um einiges sicherer, da er seinerseits mit dem Passwort verschlüsselt wird. Andererseits wird der Umgang mit dem Schlüssel entsprechend unhandlicher, da Sie häufig das Passwort für den Schlüssel angeben müssen.

In der easy-rsa-Version 2.0 werden Schlüssel und Zertifikate mittels einer Standardeinstellung ohne interaktive Abfragen erstellt. Um die interaktiven Abfragen wieder zu aktivieren, rufen Sie das Skript mit dem Parameter --interact auf. Um das »Organizational Unit«-Feld zu belegen, schreiben Sie den zu verwendenden Wert in die Umgebungsvariable KEY_OU.

Nach dem Erstellen werden die CSR und der Schlüssel Ihres Clientzertifikats als *name*.csr und *name*.key in dem Verzeichnis gespeichert, das Sie in der KEY_DIR-Variable der vars-Datei angegeben haben.

Übertragen Sie nun die *name*.csr-Datei an Ihren CA-Administrator, damit diese Datei signiert werden kann. Diese Übertragung kann wieder auf ungesichertem Weg erfolgen – nur die .key-Datei sollten Sie gut schützen. Nachdem der CA-Administrator ihre .csr-Datei signiert hat, wird er Ihnen eine .crt-Datei zurückschicken. Kopieren Sie diese Datei in das Verzeichnis, das Sie in der vars-Datei als KEY_DIR-Verzeichnis angegeben haben. Die Dateien *name*.crt, *name*.key und ca.crt können Sie nun verwenden, um mit OpenVPN einen TLS-Tunnel einzurichten.

Certificate Signing Requests signieren

Kopieren Sie zunächst die name.csr-Datei in Ihr KEY_DIR-Verzeichnis. Lesen Sie hiernach die Konfiguration ein, und rufen Sie das sign-req-Skript auf:

```
. vars
./sign-req name
```

Das signierte Zertifikat wird als *name*.crt in ihrem KEY_DIR-Verzeichnis angelegt.

Ein Zertifikat mit lokaler CA erstellen

Wenn Sie auf dem Rechner, auf dem die CA installiert ist, Zertifikate erstellen wollen, bietet easy-rsa auch hierfür Skripten an. Jedoch müssen Sie hinterher die Zertifikate und die Schlüsseldateien auf gesichertem (also verschlüsseltem) Wege auf den Ziel-Rechner transferieren. Der Vorteil ist allerdings, dass Sie die Dateien in einem einzigen Schritt erzeugen können. Nach dem Einlesen der Konfiguration stehen Ihnen folgende Skripten zur Verfügung:

build-key *name*
> Erstellt ein einfaches Zertifikat/Schlüsseldatei-Paar.

build-key-pass *name*
> Erstellt ein passwortgesichertes Zertifikat/Schlüsseldatei-Paar.

build-key-pkcs12 *name*
> Erstellt eine Datei im PKCS#12-Format, die das Zertifikat, den Schlüssel und das CA-Zertifikat enthält.

`build-key-server` *name*

>Erstellt ein Zertifikat/Schlüsseldatei-Paar, in dem das `nsCert`-Type-Attribut auf `server` gesetzt ist.

Zertifikate manuell mit OpenSSL verwalten

In diesem Abschnitt wird auf die Erstellung und Verwaltung einer CA, von Zertifikaten und einer CRL mittels OpenSSL-Bordmitteln eingegangen.

Eine eigene CA erstellen

TLS-Zertifikate sind bezüglich der Vertrauensstellung hierarchisch angeordnet – eine höhere Instanz kann durch das Signieren eines untergeordneten Zertifikats angeben, dass sie ihm vertraut. Die Wurzel dieses Vertrauensbaumes ist die Certificate Authority (CA). Der private CA-Schlüssel sollte zu nichts anderem als zum Signieren von anderen Schlüsseln genutzt werden und so sicher wie möglich verwahrt werden – denn wird der private CA-Schlüssel kompromittiert, so gilt dies für die gesamte Hierarchie, die dann neu aufgebaut werden muss.

Das CA-Zertifikat an sich muss natürlich auch signiert werden. Wir erstellen in diesem Abschnitt eine sogenannte selbst signierte CA, d.h., die CA vertraut sich selbst. Wenn Sie in einem Unternehmen mit einer größeren PKI arbeiten, könnte es sein, dass Sie das CA-Zertifikat von einer übergeordneten CA signieren lassen müssen. Wahlweise können Sie auch Zertifikate (nicht nur CA-Zertifikate) von einer großen, öffentlichen Zertifizierungsstelle wie VeriSign oder Thawte bekommen. Dies kostet aber relativ viel Geld. Für die meisten Zwecke ist ein selbst signiertes Zertifikat ausreichend. Es gibt jedoch auch die kostenlose Community-Zertifizierungsstelle *CACert.org* (*http://www.cacert.org*), falls Sie besonderen Wert auf eine externe Signierung Ihrer Zertifikate legen.

OpenSSL bietet zwei Helferskripten im `misc`-Verzeichnis an, mit denen es einfach ist, eine neue CA zu erstellen und verwalten: `CA.pl` und `CA.sh`. Diese beiden Skripten sind eigentlich identisch, nur die verwendete Programmiersprache ist unterschiedlich: `CA.pl` ist in

---

Perl geschrieben, und `CA.sh` ist ein Shell-Skript, für den Fall, dass Sie kein Perl zur Verfügung haben. Wurde OpenSSL als Binärpaket von Ihrer Distribution installiert, lesen Sie in der Dokumentation nach, wo Sie die Skripten finden können.

Wenn Sie die CA-Skripten mit einem Texteditor öffnen, sehen Sie nach den einleitenden Kommentaren eine Reihe von Variablen, die die Eigenschaften der CA bestimmen. An dieser Stelle interessieren wir uns für die folgenden drei Variablen (in `CA.pl` haben die Variablen ein führendes Dollar-Zeichen, d.h., aus `DAYS` wird `$DAYS`):

```
DAYS="-days 365"
```

Gibt die Gültigkeitslänge eines Zertifikats an, das mit dieser CA erstellt wird. Standardwert sind 365 Tage (1 Jahr).

```
CADAYS="-days 1095"
```

Gibt die Gültigkeitslänge der CA an sich an. Der Standardwert sind 3 Jahre.

```
CATOP="./demoCA"
```

Gibt das Verzeichnis an, in dem die CA erstellt bzw. erwartet wird.

Insbesondere `CATOP` sollte geändert werden – wer will schon seine offiziellen OpenVPN-Zertifikate mit einer CA namens »demoCA« verwalten? Da die CA-Skripten ihrerseits den Befehl `openssl` aufrufen und dieser die SSL-Konfigurationsdatei `/etc/ssl/openssl.cnf` bzw. `/usr/lib/ssl/opencnf.ssl` ausliest, müssen Sie auch in dieser Datei etwas ändern, wenn Sie den `CATOP`-Wert ändern. Hier sollten Sie den Wert der `dir`-Variable im Abschnitt [CA_default] auf denselben Wert setzen, den Sie auch der `CATOP`-Variable zugewiesen haben.

Beachten Sie ferner die führende »./«-Sequenz im `CATOP`-Wert. Dies bedeutet, dass die Skripten das CA-Verzeichnis als Unterverzeichnis des aktuellen Arbeitsverzeichnisses erwarten! Wechseln Sie also zunächst in das Verzeichnis, das das CA-Verzeichnis beherbergen soll, und rufen Sie das CA-Skript von dort auf.

Um nun die CA an sich zu erstellen, rufen Sie das CA-Skript mit dem Parameter `-newca` auf. Im folgenden Beispiel gehen wir davon aus, dass die CA im Verzeichnis /root/ssl erstellt wird, dass CATOP auf den Wert »./meineCA« geändert wurde und dass DAYS und CADAYS auf den Wert 10950 (ca. 30 Jahre) gesetzt wurden. Diese Werte sollten für den Heimgebrauch annehmbar sein. Wenn Sie in einer Umgebung arbeiten, in der die Sicherheit kritisch ist, sollten Sie häufiger Ihre Zertifikate und CA wechseln. Befragen Sie dazu Ihren IT-Sicherheitsbeauftragten!

```
> su -
Password:
# mkdir /root/ssl
# chmod 700 /root/ssl #explizit nur root in das Verzeichnis
erlauben!
# cd /root/ssl
# /usr/lib/ssl/misc/CA.pl -newca
CA certificate filename (or enter to create)

Making CA certificate ...
Generating a 1024 bit RSA private key
.......++++++
....................++++++
writing new private key to './meineCA/private/cakey.pem'
Enter PEM pass phrase:
Verifying - Enter PEM pass phrase:
-----
You are about to be asked to enter information that will be
incorporated
into your certificate request.
What you are about to enter is what is called a Distinguished
Name or a DN.
There are quite a few fields but you can leave some blank
For some fields there will be a default value,
If you enter '.', the field will be left blank.
-----
Country Name (2 letter code) [AU]:DE
State or Province Name (full name) [Some-State]:Bavaria
Locality Name (eg, city) []:Munich
Organization Name (eg, company) [Internet Widgits Pty Ltd]:Bei
mir daheim
Organizational Unit Name (eg, section) []:Meine OpenVPN CA
Common Name (eg, YOUR name) []:ca.localnet
Email Address []:certadmin@localnet

Please enter the following 'extra' attributes
to be sent with your certificate request
```

```
A challenge password []:
An optional company name []:
Using configuration from /usr/lib/ssl/openssl.cnf
Enter pass phrase for ./meineCA/private/cakey.pem:
Check that the request matches the signature
Signature ok
Certificate Details:
        Serial Number:
            c9:55:49:4a:2d:5c:78:72
        Validity
            Not Before: Dec 26 12:11:58 2006 GMT
            Not After : Dec 18 12:11:58 2036 GMT
        Subject:
            countryName               = DE
            stateOrProvinceName       = Bavaria
            organizationName          = Bei mir daheim
            organizationalUnitName    = Meine OpenVPN CA
            commonName                = ca.localnet
            emailAddress              = certadmin@localnet
        X509v3 extensions:
            X509v3 Subject Key Identifier:
  90:87:D1:07:E0:FF:EC:A4:61:D4:C5:6B:A5:38:01:AE:DA:4C:2B:35
            X509v3 Authority Key Identifier:
  keyid:90:87:D1:07:E0:FF:EC:A4:61:D4:C5:6B:A5:38:01:AE:DA:4C:
2B:35
  DirName:/C=DE/ST=Bavaria/O=Bei mir daheim/OU=Meine OpenVPN
CA/CN=ca.localnet/emailAddress=certadmin@localnet
                serial:C9:55:49:4A:2D:5C:78:72

            X509v3 Basic Constraints:
                CA:TRUE
Certificate is to be certified until Dec 18 12:11:58 2036 GMT
(10950 days)

Write out database with 1 new entries
Data Base Updated
#
```

Bei den Fragen nach Country Name, State or Province Name, Locality Name, Organization Name, Organizational Unit Name, Common Name und Email Address sollten Sie natürlich Ihre eigenen Werte eintragen. Beachten Sie ferner, dass Sie insgesamt dreimal nach der Passphrase des CA-Zertifikats gefragt werden: anfangs zweimal hintereinander, um die Passphrase einzurichten, und nach der Zertifikatserstellung ein drittes Mal, damit sich die CA selbst signieren kann.

Die Datei meineCA/cacert.pem sollte zusammen mit den Client-Zertifikaten auf jeden OpenVPN-Rechner verteilt werden. Über dieses CA-Zertifikat kann der Rechner prüfen, ob das Client-Zertifikat der Gegenstelle von der eigenen CA signiert wurde.

Sie können die CA auch ohne die CA-Skripten erstellen, indem Sie den OpenSSL-Befehl direkt aufrufen. Ort und Parameter der CA sind äquivalent zum obigen Beispiel. Zum Erstellen der CA geben Sie Folgendes ein:

```
# mkdir -p meineCA/{certs,crl,newcerts,private}
# touch meineCA/index.txt
# echo "01" > meineCA/crlnumber
# openssl req -new -x509 -keyout meineCA/private/cakey.pem -out
meineCA/careq.pem
```

Und zum Selbstsignieren:

```
# openssl ca -create_serial -out meineCA/cacert.pem -days 10950
-batch -keyfile meineCA/private/cakey.pem -selfsign -extensions
v3_ca -infiles meineCA/careq.pem
```

Zertifikate erstellen

Jetzt, da Sie eine eigene CA zur Verfügung haben, können Sie auch gleich Zertifikate für Ihre Clients erstellen und signieren. Dies gilt übrigens nicht nur für OpenVPN-Zertifikate, sondern für sämtliche Dienste, die SSL oder TLS nutzen (Webserver, IMAP, POP etc.).

Um ein Zertifikat zu erstellen, muss zunächst ein sogenanntes Certificate Request erstellt werden. Erst wenn dies von einer CA signiert wird, entsteht ein vollwertiges Zertifikat. Certificate Requests müssen nicht auf der CA erstellt werden, das Signieren muss hingegen schon auf dem Rechner mit der CA passieren. Stellen Sie sicher, dass Sie die Certificate Requests und die endgültigen Zertifikate sicher übertragen, da hier auch ein privater Schlüssel (eventuell nicht verschlüsselt!) enthalten sein kann, z.B. wenn Sie mit dem PKCS#12-Format arbeiten.

Zum Erstellen eines Certificate Requests nutzen wir wieder die CA-Skripten aus dem vorigen Abschnitt:

```
$ su -
# cd /root/ssl
# /usr/lib/ssl/misc/CA.pl -newreq-nodes
Generating a 1024 bit RSA private key
.....++++++
....................................++++++
writing new private key to 'newkey.pem'
-----
You are about to be asked to enter information that will be
incorporated
into your certificate request.
What you are about to enter is what is called a Distinguished
Name or a DN.
There are quite a few fields but you can leave some blank
For some fields there will be a default value,
If you enter '.', the field will be left blank.
-----
Country Name (2 letter code) [AU]:DE
State or Province Name (full name) [Some-State]:Bavaria
Locality Name (eg, city) []:Munich
Organization Name (eg, company) [Internet Widgits Pty Ltd]:Bei
mir daheim
Organizational Unit Name (eg, section) []:Meine OpenVPN CA
Common Name (eg, YOUR name) []:server.localnet
Email Address []:root@server.localnet

Please enter the following 'extra' attributes
to be sent with your certificate request
A challenge password []:
An optional company name []:
Request is in newreq.pem, private key is in newkey.pem
#
```

Sie können statt des Arguments -newreq-nodes auch das Argument
-newreq (ohne nodes) verwenden, um den privaten Schlüssel mit
einer Passphrase zu versehen. Allerdings werden Sie bei jedem Start
von OpenVPN auf der Konsole nach der Passphrase gefragt. Mit
der askpass-Direktive können Sie die Passphrase des Zertifikats
auch aus einer Datei einlesen lassen. Stellen Sie aber sicher, dass
niemand außer root und dem Benutzer, mit dessen Kennung der
OpenVPN-Prozess läuft, Leserechte auf diese Datei haben! Dies
kann für automatisierte Umgebungen eher hinderlich sein.

Das frisch erstellte Certificate Request besteht aus zwei Dateien: newreq.pem, dem unsignierten Zertifikat, und newkey.pem, dem privaten Schlüssel zum Zertifikat. Diese Dateien liegen übrigens im aktuellen Arbeitsverzeichnis und werden nicht automatisch in den CA-Verzeichnisbaum verschoben.

Nun signieren wir den Certificate Request mit dem CA-Zertifikat und machen ihn so zu einem vollwertigen Zertifikat:

```
# /usr/lib/ssl/misc/CA.pl -sign
Using configuration from /usr/lib/ssl/openssl.cnf
Enter pass phrase for ./meineCA/private/cakey.pem:
Check that the request matches the signature
Signature ok
Certificate Details:
        Serial Number:
            c9:55:49:4a:2d:5c:78:75
        Validity
            Not Before: Dec 26 13:04:50 2006 GMT
            Not After : Dec 26 13:04:50 2007 GMT
        Subject:
            countryName               = DE
            stateOrProvinceName        = Bavaria
            localityName               = Munich
            organizationName           = Bei mir daheim
            organizationalUnitName      = Meine OpenVPN CA
            commonName                  = server.localnet
            emailAddress                = root@server.localnet
        X509v3 extensions:
            X509v3 Basic Constraints:
                CA:FALSE
            Netscape Comment:
                OpenSSL Generated Certificate
            X509v3 Subject Key Identifier:
                DD:16:2C:B9:D3:5C:0A:05:36:68:1E:7B:14:69:BD:
3D:8B:64:34:5C
            X509v3 Authority Key Identifier:
                keyid:90:87:D1:07:E0:FF:EC:A4:61:D4:C5:6B:A5:
38:01:AE:DA:4C:2B:35

Certificate is to be certified until Dec 26 13:04:50 2007 GMT
(365 days)
Sign the certificate? [y/n]:y

1 out of 1 certificate requests certified, commit? [y/n]y
Write out database with 1 new entries
```

```
Data Base Updated
Signed certificate is in newcert.pem
#
```

Hiernach haben Sie das signierte Zertifikat in der Datei newcert. pem. Diese können Sie zusammen mit dem privaten Schlüssel in newkey.pem, mit einem eindeutigen Namen versehen, zu Archivierungszwecken in Ihren CA-Verzeichnisbaum verschieben:

```
# mv newcert.pem meineCA/certs/openvpn_server.pem
# mv newkey.pem meineCA/private/openvpn_server_key.pem
```

Da wir das Certificate Request nicht mehr benötigen, kann diese Datei gelöscht werden.

ACHTUNG

Der aufmerksame Leser hat vielleicht gesehen, dass das Zertifikat nur für ein Jahr signiert ist, obwohl DAYS auf 10950 gesetzt wurde. Dies hängt damit zusammen, dass in den CA-Skripten dem openssl-Aufruf der Parameter -days *anzahl* fehlt. Wenn Ihre Zertifikate für mehr als ein Jahr signiert sein sollen, müssen Sie entweder den weiter unten aufgeführten openssl-Aufruf zum Signieren nutzen oder das CA-Skript patchen, wenn Sie es sich zutrauen.

Nun können Sie das Client-Zertifikat, den zugehörigen privaten Schlüssel sowie das CA-Zertifikat auf den OpenVPN-Rechner kopieren und die Dateien über die cert-, key- und ca-Direktiven angeben. Beachten Sie hierbei, dass die Datei, die den privaten Schlüssel beinhaltet, von so wenig Benutzern wie möglich gelesen (oder gar geschrieben!) werden kann.

Anstelle der CA-Skripten kann auch hier direkt openssl genutzt werden. Zum Erstellen eines Certificate Requests schreiben Sie:

```
openssl req  -new -nodes -keyout newkey.pem -out newreq.pem -days 10950
```

Oder lassen Sie den Parameter -nodes weg, um einen verschlüsselten privaten Schlüssel zu erhalten. Um das Certificate Request zu signieren, schreiben Sie:

```
openssl ca  -policy policy_anything -out newcert.pem -infiles
newreq.pem
```

CRLs verwalten und nutzen

Mit Certificate Revocation Lists (CRLs) können Sie selektiv Schlüssel für ungültig erklären, z.B. nachdem ein Schlüssel kompromittiert wurde oder der Benutzer seine Passphrase für den privaten Schlüssel vergessen hat. Die CRL ist eine pem-Datei, die Sie in Open-VPN über die crl-verify-Direktive einbinden.

Wie bei den vorigen Abschnitten gehen wir davon aus, dass sich Ihr CA-Verzeichnisbaum im Unterverzeichnis »meineCA« des aktuellen Arbeitsverzeichnisses befindet.

Um einen Schlüssel zu einer CRL hinzuzufügen, müssen Sie zunächst einen Schlüssel für ungültig erklären:

```
openssl ca -revoke meineCA/certs/kompromittiertes_zertifikat.pem
```

Nun können Sie eine CRL erstellen:

```
openssl ca -gencrl -out meineCA/crl/crl.pem
```

Die Datei meineCA/crl/crl.pem enthält nun eine Liste aller Zertifikate, die für ungültig erklärt wurden.

Statische Schlüssel

Wenn Sie den TLS-Modus nicht nutzen können oder nicht nutzen wollen, können Sie auch einen statischen Schlüssel erstellen. Dies ist zwar einfacher aufzusetzen, ist aber aus der Sicherheitsperspektive eher zu vermeiden: Je mehr verschlüsselte Daten abgefangen werden, desto einfacher ist es (theoretisch,) den Schlüssel zu knacken. Ferner geben Sie dem Angreifer auch mehr Zeit zum Knacken des Schlüssels. Sie können (und sollten!) einen statischen Schlüssel regelmäßig austauschen. Aber wann haben Sie z.B. auf Ihrem PC zu Hause das letzte Mal Ihr Passwort geändert?

Einen statischen Schlüssel können Sie mit dem folgenden Befehl erstellen:

```
openvpn –genkey –secret schluesseldatei
```

Jetzt haben Sie einen neuen, statischen Schlüssel in der Datei *schluesseldatei*. Transferieren Sie diesen Schlüssel nun über ein sicheres Medium (scp oder mit pgp/gpg verschlüsselt) an beide Tunnelendpunkte, die diesen Schlüssel verwenden sollen. Schließlich binden Sie die *schluesseldatei* auf beiden Endpunkten über die secret-Direktive ein.

Alternative Authentifizierungsmethoden

In diesem Abschnitt gehen wir auf Möglichkeiten zur Authentifizierung ein, die jenseits der SSL-Zertifikate bestehen. Diese Methoden können die Zertifikate ergänzen oder auch ersetzen. Seien Sie sich aber bewusst, dass SSL-Zertifikate die empfohlene Authentifizierungsmethode darstellen. Wenn Sie sich ausschließlich auf eine andere Methode verlassen, kann die Sicherheit Ihrer Tunnel bedeutend reduziert sein.

Passwortbasierte Authentifizierung

Zusätzlich zu den oben aufgeführten Authentifizierungsmethoden mittels TLS oder eines statischen Schlüssels gibt es noch die Möglichkeit, mittels der auth-user-pass-verify-Direktive im Server-Modus eine Authentifizierung über einen Benutzernamen und ein Passwort einzurichten. Hierzu muss auf dem Server ein Skript erstellt werden, das die vom Client angegebenen Daten überprüft.

Falls Sie serverseitige Skripten haben, die aufgrund des CN eines Zertifikats weitere Konfigurationen vornehmen, ist es auch möglich, den authentifizierten Benutzernamen anstelle des CN zu verwenden. Serverseitig sollte hierfür noch die username-as-common-name-Direktive angegeben werden.

Standardmäßig verläuft dies zusätzlich zur TLS-Authentifizierung. Die passwortbasierte Authentifizierung kann aber auch als einzige Authentifizierungsmethode eingerichtet werden, wenn auf dem Server zusätzlich die Direktive client-cert-not-required angegeben wird. Egal wie Sie die passwortbasierte Authentifizierung einsetzen, die Passwörter werden immer über einen veschlüsselten Tunnel übertragen.

Weitergehende Informationen zu den einzelnen Punkten finden Sie in der Beschreibung der jeweiligen Direktive in Kapitel 3, *Konfigurationsparameter*.

Passwortbasierte Authentifizierung mit PAM

Mithilfe dieser Methode können Sie sich mit dem Benutzernamen und dem Passwort von Ihrem System-Account anmelden – sofern der OpenVPN-Server auf einem Betriebssystem läuft, das den PAM-Mechanismus unterstützt. Windows ist hiervon ausgeschlossen.

Die PAM-basierte Authentifizierung richten Sie mit dem Plugin openvpn-auth-pam.so ein, das mit OpenVPN mitgeliefert wird. Das Plugin kann mit den folgenden Informationen in der OpenVPN-Konfigurationsdatei eingebunden werden:

```
plugin pfad/zum/plugin/openvpn-auth-pam.so "pam-modul
benutzername-abfrage USERNAME passwort-abfrage PASSWORD"
```

Hierbei gibt das Schlüsselwort USERNAME an, dass auf die Abfrage des Benutzernamens durch das PAM-Modul mit dem angegebenen Benutzernamen vom OpenVPN-Client geantwortet werden soll (und analog für das PASSWORD-Schlüsselwort). Hierbei geben *benutzername-abfrage* und *passwort-abfrage* die Zeichenketten an, mit denen das *pam-modul* nach dem Benutzernamen und das Passwort fragt. Um mit dem login PAM-Modul zu arbeiten, sähe der richtige Konfigurationsstring wie folgt aus:

```
plugin pfad/zum/plugin/openvpn-auth-pam.so "login login
USERNAME password PASSWORD"
```

Über diese Konfigurationsmöglichkeit ist es Ihnen freigestellt, gegen welches PAM-Modul Sie letztendlich authentifizieren – LDAP, RADIUS, eine SQL-Datenbank oder etwas zurzeit noch gar nicht Entwickeltes...

Beachten Sie, dass die Direktiven client-cert-not-required und username-as-common-name die Nutzung dieses Plugins beeinflussen.

Weiterreichende zertifikatsbasierte Autorisierung

Zusätzlich zur grundlegenden zertifikatsbasierten Autorisierung über ein tls-verify-Skript, das anhand des Zertifikatnamens entscheidet, ob eine Verbindung akzeptiert werden soll, gibt es weiterreichende Möglichkeiten.

Einerseits können mittels der `tls-remote`-Direktive die Zertifikatsnamen eingeschränkt werden, mit denen wir eine Verbindung überhaupt zulassen. Die `tls-remote`-Direktive überprüft dabei, ob der Anfang des Zertifikatnamens mit dem angegebenen Namen im Direktivenparameter übereinstimmt.

Ferner gibt es die Möglichkeit, die Rolle eines Zertifikats mit Hilfe der `ns-cert-type`-Direktive zu überprüfen und eine Verbindung nur zuzulassen, wenn das Zertifikat vom Typ `client` bzw. `server` ist. Gerade wenn Sie einen OpenVPN-Prozess im Server-Modus laufen lassen, ist es sinnvoll, dass die Clients das Zertifikat des Server daraufhin prüfen, ob die Server-Rolle auch gesetzt ist. Hiermit ist es möglich, die Gefahr eines Man-in-the-Middle-Angriffs zu minimieren. Bei diesem Angriff kann ein bereits autorisierter Client versuchen, sich zwischen einen neuen Client und den Server zu hängen und so den eigentlich verschlüsselten Datenverkehr im Klartext zu sehen.

Authentifizierung mit kryptographischen Tokens

Ab der OpenVPN Version 2.1 ist eine Unterstützung für kryptographische Tokens über die API implementiert, die im PKCS#11-Standard definiert ist. Bei der Autorisierung mit kryptographischen Tokens geben Sie nicht nur zu erkennen, dass Sie etwas wissen (wie ein Passwort oder das richtige SSL-Zertifikat), sondern dass Sie zusätzlich etwas besitzen, was Sie als berechtigt kennzeichnet: das Token. Tokens zeigen zumeist zeitgesteuert unterschiedliche mehrstellige Zahlen an, die Sie zusammen mit Ihrem Passwort angeben müssen, oder werden während des Authentifizierungsprozesses in ein Lesegerät gesteckt. Stimmen beide Angaben mit den erwarteten Werten überein, wird der Zugang gewährt. Aus diesem Grund wird diese Form der Authentifizierung in der Literatur auch oft »Dual Factor Authentication« oder »Two Factor Authentication« genannt.

Einrichtung des Tokens

Um das Token nutzen zu können, müssen Sie es zunächst initialisieren und mit einem Zertifikat und privaten Schlüssel versehen.

Hierzu müssen Sie zunächst einmal wissen, welche Treiberbibliothek (im Fachjargon auch »Provider« genannt) genutzt wird, um das Token anzusprechen und wo diese Bibliothek auf Ihrem System zu finden ist. Wenn Sie OpenSC verwenden, finden Sie den Provider z.B. unter `/usr/lib/pkcs11/opensc-pkcs11.so` unter Unix oder als `opensc-pkcs11.dll` unter Windows. Den zu verwendenden Provider können Sie mit der OpenVPN-Direktive `pkcs11-providers` angeben.

Nun muss herausgefunden werden, in welchem Lese-Slot das System das Token finden kann. Bei dieser Aufgabe hilft Ihnen der folgende Befehl:

```
pkitool --pkcs11-slots provider
```

Das *pkitool*-Programm wird von OpenVPN mitgeliefert und findet sich bei den easy-rsa-Skripten. Um das Programm richtig verwenden zu können, müssen Sie easy-rsa bereits für Ihr System konfiguriert haben, wie in Abschnitt »Konfiguration« auf Seite 101.

Um das Token nun zu initialisieren, geben Sie folgenden Befehl ein:

```
pkitool --pkcs11-init provider slot label
```

wobei `slot` dem zuvor gefundenen Slot entspricht und `label` eine Speicherstelle auf dem Token angibt.

Jetzt, nachdem Sie das Token initialisiert haben, müssen Sie ein Zertifikat und einen privaten Schlüssel für das Token erstellen:

```
pkitool --pkcs11 provider slot label zertifikat-cn
```

Hierbei wird gleich ein signiertes Zertifikat, kein CSR erstellt. Das bedeutet natürlich auch, dass Sie den privaten Schlüssel Ihrer CA und das zugehörige Passwort lokal vorliegen haben müssen.

OpenVPN für die Verwendung von Tokens konfigurieren

Um OpenVPN für die Verwendung von Tokens zu konfigurieren, müssen Sie zunächst herausfinden, in welchem Slot OpenVPN Ihr Token findet. Dazu gibt es folgenden Befehl:

```
openvpn --show-pkcs11-slots provider
```

Hierauf wird eine Reihe von Informationen über den angegebenen Provider ausgegeben sowie eine Liste der gefundenen Slots, jeweils mit ID und Namen.

Über die `pkcs11-slot-type`-Direktive können Sie nun angeben, ob Sie den Slot mittels `id`, seines `namen` oder des `label` des Tokens angeben wollen. Den zu verwendenden Slot spezifizieren Sie über die `pkcs11-slot`-Direktive.

Nun müssen Sie noch angeben, welches auf dem Token gespeicherte Objekt zur Authentifizierung verwendet werden soll. Mit dem Befehl

```
openvpn --show-pkcs11-objects provider slot
```

können Sie sich eine Liste der Objekte und ihrer Attribute anzeigen lassen, die auf dem Token in dem angegebenen Slot gespeichert sind. Mit der `pkcs11-id-type`-Direktive können Sie angeben, wie Sie das Objekt spezifizieren möchten: über das `label`, über die `id` des Objektes oder über das `subject` der CN des Zertifikats, das in dem Objekt gespeichert ist. Das Objekt an sich geben Sie dann mit der `pkcs11-id`-Direktive an.

Ein Beispiel für einen PKCS#11-Konfigurationsabschnitt für Open-VPN könnte z.B. wie folgt aussehen:

```
pkcs11-providers provider
pkcs11-slot-type label
pkcs11-slot "Schulzes Token"
pkcs11-id-type subject
pkcs11-id "/CN=Schulze"
```

ACHTUNG

OpenVPN empfiehlt zurzeit die Verwendung von OpenSC in einer Version größer 0.10 als Provider. Jedoch hat OpenSC Fehler bei der Angabe von Attributen des gespeicherten privaten Schlüssels. Aus diesem Grund wird empfohlen, die Direktive

```
pkcs11-sign-mode sign
```

zu verwenden.

Tokens über Microsoft CryptoAPI verwenden

Wenn Sie OpenVPN unter Windows nutzen, können Sie auch mittels der cryptoapicert-Direktive die Microsoft CryptoAPI zur Token-Ansteuerung verwenden. Allerdings funktioniert dies nur, solange OpenVPN nicht als Dienst ausgeführt wird. Wollen Sie OpenVPN als Dienst ausführen, damit z.B. auch Nutzer ohne administrative Rechte einen VPN-Tunnel nutzen können, müssen Sie auf den PKCS#11-Standard zur Token-Ansteuerung zurückgreifen.

## KAPITEL 6

Beispielkonfigurationen

In diesem Kapitel werden verschiedene Beispielkonfigurationen für häufig vorkommende Szenarien aufgeführt. Es wird dabei von einer OpenVPN-Instanz im Server-Modus in einem LAN mit dem IP-Bereich 10.0.0.0/8 ausgegangen, in dem der OpenVPN-Server die IP-Adresse 10.0.0.253 hat (siehe Abbildung 6.1). Der Open-VPN-Server ist extern über den Rechnernamen openvpnserver. firma.de zu erreichen. Clientseitig gibt es ein LAN mit dem IP-Bereich 192.168.10.0/24, in dem der OpenVPN-Client die IP-Adresse 192.168.10.250 hat.

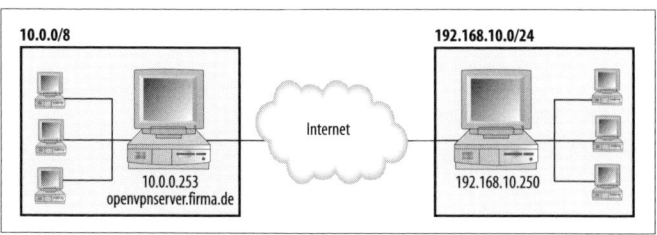

Abbildung 6.1: Unsere Grundsituation

Host zu Host

In diesem Abschnitt wird die einfachste VPN-Konfiguration aufgeführt, die mit TLS-Zertifikaten über ein tun-Gerät hergestellt werden kann (siehe Abbildung 6.2). Informationen zum Erstellen von

Zertifikaten finden Sie in Kapitel 5, *Authentifizierung und Zertifikatsverwaltung*. Das Netzwerk 172.16.1.0/24 dient als Adress-Pool für die Point-to-Point-Verbindungen für die tun-Geräte an beiden Enden.

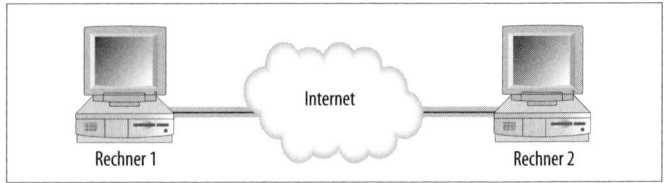

Abbildung 6.2: Ein VPN von Host zu Host

Die Konfiguration enthält nur das absolut notwendigste Minimum, um eine Verbindung herstellen zu können; viele im alltäglichen Betrieb notwendige Dinge wie das Überprüfen der Zertifikate oder eine daemon-Direktive für den Server wurden bewusst weggelassen.

Die Serverkonfiguration ist wie folgt:

```
server 172.16.1.0 255.255.255.0
dev  tun

keepalive 10 60

ca   /etc/openvpn/cacert.pem
cert /etc/openvpn/openvpn_server_cert.pem
key  /etc/openvpn/openvpn_server_key.pem
dh   /etc/openvpn/dh1024.pem
```

Und die Konfiguration eines Clients:

```
client
remote openvpnserver.firma.de
nobind
dev tun

ca   /etc/openvpn/cacert.pem
cert /etc/openvpn/openvpn_client.pem
key  /etc/openvpn/openvpn_client_key.pem
dh   /etc/openvpn/dh1024.pem
```

Bei dieser Konfiguration verbindet sich der Client mit dem Server. Der Server alloziert zunächst ein Netzwerk mit vier IP-Adressen vom Anfang des Netzwerkes, das ihm über die server-Direktive mitgeteilt wurde, für sich selbst. Verbindet sich ein Client, wird für diesen ebenfalls ein Netzwerk mit 4 IP-Adressen 172.16.1.0/24er Netz für die Verbindung alloziert, beispielsweise 172.16.1.4 bis 172.16.1.7. Die mittleren beiden IP-Adressen dieses Netzes dienen als Point-to-Point-Adressen der Verbindung. Der Server ist vom Client aus aber dennoch nur über die IP-Adresse 172.16.1.1 ansprechbar, während der Client vom Server aus über die dritte IP-Adresse aus dem reservierten Netzwerk aus ansprechbar ist (hier: 172.16.1.6).

ACHTUNG

Beachten Sie, dass in dieser Konfiguration keinerlei Überprüfung der Zertifikate stattfindet. Auf produktiven VPN-Tunnelendpunkten wird eine Prüfung der Zertifikate der Gegenstelle über tls-verify (oder auch eine zusätzliche Authentifizierung über eine Benutzername/Passwort-Kombination mittels auth-user-pass-verify) dringend angeraten!

Host zu Netz

Dieses Beispiel geht davon aus, dass Sie ein tun-Gerät benutzen. Bei tap-Geräten führen Sie effektiv ein Bridging zwischen dem Server-LAN und dem Client-LAN durch und bekommen somit die Verbindung zwischen den beiden LANs frei Haus geliefert, siehe Abbildung 6.3.

Um das serverseitige LAN für den Client zugänglich zu machen, muss die Direktive

```
push "route 10.0.0.0 255.0.0.0"
```

in der Konfigurationsdatei des Servers angegeben werden. Hiermit wird der Client angewiesen, dass er eine Route einrichten soll, die allen IP-Verkehr an das Netzwerk 10.0.0.0/8 über den VPN-Tunnel schickt.

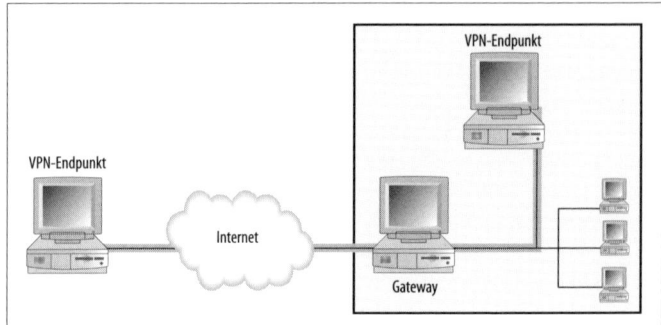

Abbildung 6.3: Die Situation Host zu Netz.

Clientseitig muss die Direktive

```
pull
```

angegeben werden, damit der Client auch auf die push-Direktive des Servers reagiert.

Falls der Rechner, auf dem der OpenVPN-Server läuft, nicht gleichzeitig auch das LAN-Gateway ist, muss auf dem Gateway-Rechner eine Route eingerichtet werden, die IP-Verkehr an das Zielnetz 192. 168.10.0/24 an die IP-Adresse des OpenVPN-Servers (10.0.0.253) verweist.

Schließlich müssen Sie noch sicherstellen, dass die IP-Weiterleitung auf dem OpenVPN-Server aktiviert ist. Ferner muss die Weiterleitung von dem tun/tap-Gerät zu sich selbst in der Firewall auf der Seite des Zielnetzes erlaubt sein. Unter Linux können Sie die IP-Weiterleitung mit dem Befehl

```
echo "1" > /proc/sys/net/ipv4/ip_forward
```

als Benutzer root auf der Kommandozeile aktivieren. Um die tun-Weiterleitung einzurichten, müssen Sie Ihre Firewall bemühen. Unter Linux mit iptables funktioniert das Ganze wie folgt:

```
iptables -A INPUT -p udp  --dport 1194 -j ACCEPT
iptables -A INPUT -i tun0 -j ACCEPT
iptables -A OUTPUT -o tun0 -j ACCEPT
iptables -A FORWARD -i tun0 -j ACCEPT
```

Hierbei wird natürlich davon ausgegangen, dass das verwendete tun-Gerät tun0 ist.

Netz zu Netz

Wir erweitern hier das Beispiel aus dem letzten Abschnitt, in dem bereits gezeigt wurde, wie ein Client Zugriff auf das gesamte serverseitige LAN bekommt, siehe Abbildung 6.4.

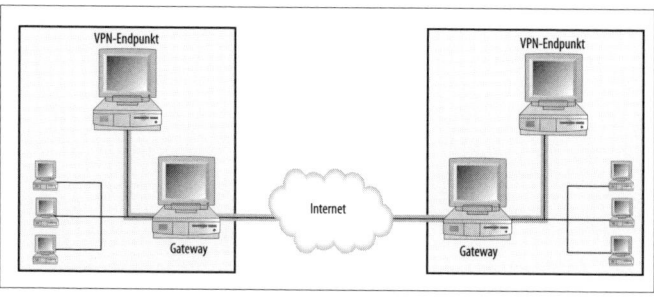

Abbildung 6.4: OpenVPN von Netz zu Netz

Zunächst sind einige Voraussetzungen zu schaffen, damit auch der Server Zugriff auf das clientseitige LAN bekommt. Die duplicate-cn-Direktive darf nicht in der Server-Konfiguration verwendet werden, die Clientinstanz benötigt ein TLS-Zertifikat mit einem eindeutigen CN, und serverseitig muss die client-config-dir-Direktive verwendet werden, da wir clientspezifische Regeln einrichten müssen. Wir gehen in diesem Beispiel davon aus, dass der Client die CN »homeuser1« hat und die folgende Konfiguration (unter Linux) bereits existiert:

```
client-config-dir /etc/openvpn/clients
```

Unter Windows verweist diese Direktive oft auf \Programme\Open-VPN\config. Ersetzen Sie einfach den Pfad in den Beispielen durch den, den Sie verwenden.

Legen Sie die Datei /etc/openvpn/clients/homeuser1 an, sofern diese noch nicht existiert. Diese Datei sollte folgende Direktive beinhalten:

```
iroute 192.168.10.0 255.255.255.0
```

Ferner benötigt die Hauptkonfigurationsdatei des Servers noch den zusätzlichen Eintrag

```
route 192.168.10.0 255.255.255.0
```

Beachten Sie, dass die route-Direktive die Routing-Tabellen des Betriebssystems beeinflusst, so dass die IP-Pakete, die für das Netzwerk 192.168.10.0/24 bestimmt sind, über das tun-Gerät an den OpenVPN-Prozess geschickt werden. Dieser benötigt nun die iroute-Direktive, um seine internen Routing-Tabellen so auszurichten, dass die IP-Pakete an den richtigen VPN-Client geschickt werden.

Natürlich müssen Sie nun noch auf dem Gateway des Client-LANs Routen einrichten, die IP-Verkehr für den IP-Bereich 10.0.0.0/8 an 192.168.10.250 verweisen, sofern der OpenVPN-Client nicht auf dem Gateway des Client-LANs läuft. Ferner sollte auf dem Rechner des OpenVPN-Clients auch die IP-Weiterleitung und die TUN/TAP-Weiterleitung aktiviert sein. Der vorige Abschnitt behandelt die Aktivierung dieser Weiterleitungen.

Netze über eine Sterntopologie verbinden

Sie können das Beispiel aus dem Abschnitt »Netz zu Netz« noch erweitern. Wenn Sie mehrere Clients mit anhängenden LANs haben, die auch untereinander über das VPN kommunizieren sollen, können Sie diese Konfiguration verwenden.

Der OpenVPN-Server kann über die Direktive

```
client-to-client
```

angewiesen werden, zunächst VPN-Verkehr intern zu routen und eventuell an andere Clients weiterzuleiten, bevor er über das tun-Gerät an das Betriebssystem weitergereicht wird. Nun muss noch in der Serverkonfiguration eine Route für jedes Client-LAN, das für andere Clients zur Verfügung stehen soll, an die Clients gepusht werden sowie mittels iroute eine interne Route auf dem OpenVPN-Server angelegt werden:

```
iroute 192.168.10.0 255.255.255.0
push route "192.168.10.0 255.255.255.0"
```

Aufgrund der `iroute`-Direktive wird die route nicht an den jeweiligen Client selbst gepusht. Damit werden Routing-Schleifen verhindert.

Mit dynamischen IP-Adressen

Während Clients mit dynamischen IP-Adressen für einen Open-VPN-Server kein Problem darstellen (da die Verbindungsautorisierung ja über die TLS-Zertifikate verwaltet wird), müssen einige Vorkehrungen getroffen werden, wenn auch der Server über eine dynamische IP-Adresse erreichbar sein soll.

Zunächst sollte für den Server bei einem dynamischen DNS-Dienst wie *dyndns.org* (*http://www.dyndns.org*) ein Account eingerichtet werden. Im Zuge der Account-Einrichtung erhalten Sie auch einen symbolischen Hostnamen, der über das externe DNS auflösbar ist, z.B. `meinopenvpnserver.dyndns.org`.

Als zweiten Schritt benötigen Sie ein Skript, das die externe IP-Adresse des OpenVPN-Servers überprüft und Ihrem dynamischen DNS-Dienst Bescheid gibt, wenn sich die IP-Adresse geändert hat. Ein bewährtes Skript für diese Aufgabe ist der *ddclient* (*http://ddclient.sourceforge.net*).

Nachdem Sie dieses Skript eingerichtet haben, können Sie auf den Clients in der `remote`-Direktive Ihren neuen symbolischen Rechnernamen eintragen:

```
remote meinopenvpnserver.dyndns.org
```

Die Clients fragen die IP-Adresse für diesen Namen bei jedem Verbindungsaufbau ab. Damit sollten Sie recht zügig nach einer Verbindungsunterbrechung dank Neueinwahl des Servers ohne manuelles Eingreifen eine neue Verbindung bekommen. Dies hängt natürlich von verschiedenen Faktoren ab, wie der Replizierungszeit der neuen IP-Adresse im weltweiten DNS, den Cachezeiten, die Ihr interner DNS-Server verwendet, usw. In aller Regel sollte eine neue Verbindung in ein paar Minuten aufgebaut werden.

Verbindung über HTTP-Proxies

Verbindungen über HTTP-Proxies erfordern zwingend die Verwendung des TCP-Protokolls, da HTTP selbst nur über TCP verfügbar ist. Nun können Sie über die http-proxy-Direktive die IP-Adresse und den Port Ihres HTTP-Proxy-Servers angeben:

```
proto tcp
http-proxy 192.168.10.200 8080
```

Wenn Ihr HTTP-Proxy eine Authentifizierung erfordert, kann OpenVPN sowohl mit der Basic- als auch mit der NTLM-Methode dienen. Wenn Sie wollen, dass OpenVPN Ihren Benutzernamen und Ihr Passwort über die Kommandozeile abfragt, geben Sie als http-proxy-Direktive Folgendes ein:

```
http-proxy 192.168.10.200 8080 stdin basic
```

Sie können auch eine Datei angeben, in der in der ersten Zeile der Benutzername und in der zweiten Zeile das Passwort aufgeführt ist:

```
http-proxy 192.168.10.200 8080 http_proxy_passwort_datei basic
```

Um die NTML-Methode zu verwenden, ersetzen Sie einfach das Wort basic in den Beispielen oben durch das Wort ntlm.

Clientspezifische Zugriffsregeln

Um clientspezifische Zugriffsregeln implementieren zu können, müssen Sie zunächst den Server wie im Abschnitt »Host zu Netz« konfigurieren. Wir werden in diesem Beispiel Clients in verschiedene Klassen einteilen, wobei jede Klasse unterschiedliche Zugriffsrechte hat. Die Klassen gehören verschiedenen virtuellen IP-Netzwerken an. Mit einer Firewall – in diesem Beispiel iptables unter Linux – beschneiden wir anschließend die Rechte der einzelnen Klassen. Nehmen wir an, es gibt zwei Klassen von Benutzern, die von außen mittels VPN Zugriff auf ein Firmennetzwerk haben müssen: Administratoren, die von zu Hause aus Zugriff auf das gesamte Netzwerk brauchen, und Vertriebler, die nur Zugriff auf den Fileserver benötigen. Ordnen wir den Administratoren das virtuelle Netzwerk 172.16.1.0/24 zu und den Vertrieblern 172.16.2.0/24. Jeder Mitarbeiter, gleich welcher Klasse, bekommt anhand der

CN seines TLS-Zertifikats eine eindeutige, statische IP-Adresse zugeordnet. Über diese IP-Adresse lassen sich bei Bedarf noch genauere Zugriffsbefugnisse realisieren.

Zunächst muss der OpenVPN-Server ein statisches tun-Gerät nutzen, damit passende Firewallregeln geschrieben werden können:

```
dev tun0
```

Würden Sie ein tap-Gerät nutzen, würden Sie ein Netzwerkbridging einrichten. Auf Netzwerkbridges können herkömmliche Firewalls wenig filtern, da alle Pakete aus einem LAN zu kommen scheinen und es außer den Netzwerkschnittstellen kein Unterscheidungsmerkmal zwischen »drinnen« und »draußen« gibt[1].

Nun müssen die Routen für die beiden Klassen dem OpenVPN-Server mitgeteilt werden, und über Konfigurationsdateien im Verzeichnis der client-config-dir-Direktive werden die statischen IP-Adressen verteilt:

```
client-config-dir /etc/openvpn/clients
route 172.16.1.0 255.255.255.0
route 172.16.2.0 255.255.255.0
```

Unser Administrator mit dem CN »admin_extern« bekommt in der Konfigurationsdatei /etc/openvpn/clients/admin_extern den Eintrag:

```
ifconfig-push 172.16.1.1 172.16.1.2
```

Vertriebsmitarbeiter A erhält in /etc/openvpn/clients/vertrieb_a:

```
ifconfig-push 172.16.2.1 172.16.2.2
```

und Vertriebsmitarbeiter B in /etc/openvpn/clients/vertrieb_b:

```
ifconfig-push 172.16.2.5 172.16.2.6
```

Beachten Sie, dass tun-Geräte aus Kompatibilitätsgründen mit der Windows-Plattform standardmäßig jedem Client ein /30-Subnetz

---

1 Unter Linux gibt es zwar ebtables zum Filtern von Paketen auf Ethernet-Bridges, aber mit diesem Thema habe ich mich bislang nicht auseinandergesetzt und möchte aus diesem Grund den Einsatz in Verbindung mit OpenVPN auch nicht empfehlen.

zuweisen, das aus 4 IP-Adressen besteht. Entsprechend sind die IP-Adressen 172.16.2.3, 172.16.2.4, 172.16.2.7 etc. nicht nutzbar.

Nun sind die Clientklassen so weit eingerichtet, und wir können über Firewallregeln den Zugriff beschränken:

```
iptables -P FORWARD DROP
iptables -A FORWARD -i tun0 -s 172.16.1.0/24 -d 10.0.0.0/8 -j
ACCEPT
iptables -A FORWARD -i tun0 -s 172.16.2.0/24 -d 10.1.1.10 -j
ACCEPT
```

## KAPITEL 7

Sicherheitsaspekte und Härten

In diesem Kapitel gehen wir auf Möglichkeiten ein, OpenVPN noch sicherer zu machen, indem wir weitere Sicherheitsebenen aktivieren.

Härten

Unter dem Begriff »Härten« wird das Absichern eines Systems verstanden, z.B. durch das Abschalten von nicht benutzten Diensten, das Minimieren der Rechte für Dienste und Benutzer oder das Einführen von Konsistenzprüfungen, die Alarm schlagen, wenn in das System eingebrochen wurde (oder es so aussieht, als ob). Es wird an dieser Stelle davon ausgegangen, dass das zugrunde liegende Betriebssystem bereits gehärtet wurde. Es gibt viel gute Literatur zu diesem Thema, z.B. »Linux Serversicherheit« von Michael D. Bauer (O'Reilly) für Linux-Systeme oder »Windows Sicherheit. Das Praxisbuch« von Tobias Weltner (Microsoft Press) für Windows.

Sicherheitstipps

Man kann mit einigen zum Teil sehr einfachen Mitteln ein VPN sicherer machen!

Nutzen Sie keine statischen Schlüssel

Der einfachste und kürzeste Tipp zuerst: Wenn Sie statische Schlüssel verwenden, stellen Sie auf TLS-Zertifikate um! Diese sind zwar von der Einrichtung her aufwendiger, bieten aber einen weitaus höheren Schutz und lassen sich optional mit weiteren Prüfebenen versehen, wie z.B. im Abschnitt »Prüfen Sie die Zertifikate der Gegenstelle« weiter unten zu sehen ist.

Mit TLS-Zertifikaten wird für jede Verbindung (und auch während einer Verbindung, wenn Sie die entsprechenden reneg-Direktiven aktiviert haben und genug Verkehr über die Leitung geflossen bzw. Zeit vergangen ist) ein neuer Sitzungsschlüssel ausgehandelt. Selbst wenn jemand Ihren Netzwerkverkehr mitprotokolliert hat und anschließend den privaten Schlüssel für Ihr Zertifikat stiehlt, kann er den mitprotokollierten Datenfluss nicht entschlüsseln.

Bei einem statischen Schlüssel ist hingegen der Sitzungsschlüssel immer gleich. Wird er geklaut, kann jeglicher Netzwerkverkehr, der jemals mit diesem Schlüssel verschlüsselt wurde, wieder in Klartext umgewandelt werden.

Prüfen Sie die Zertifikate der Gegenstelle

Vertrauen Sie nicht einfach dem Zertifikat, das die Gegenstelle Ihnen anbietet. Vielleicht haben Sie es mit einem Man-in-the-Middle-Angriff zu tun. Hierbei versucht sich ein bereits authentifizierter Client A einem neuen Client B gegenüber als Server auszugeben und schmuggelt sich so zwischen B und den Server. Gelingt dies, kann A die gesamte Netzwerkunterhaltung im Klartext mitverfolgen.

Um das Risiko eines solchen Szenarios zu verringern (ausschließen kann man so etwas realistisch nie – irgendwo könnte noch ein unentdeckter Fehler lauern), gibt es verschiedene Möglichkeiten, die im Folgenden aufgeführt werden.

Prüfen Sie den Verwendungszweck des Zertifikats der Gegenstelle mit der ns-cert-type-Direktive. Clients sollten darauf achten, dass der Typ des Serverzertifikats auch wirklich server ist, um zu verhindern, dass sich ein Client als Server ausgibt. In Kapitel 5, *Authentifizierung und Zertifikatsverwaltung* können Sie nachlesen, wie Zertifikate mit dem entsprechenden nsCertType-Wert erstellt werden.

Ferner können Sie auf den Clients mit der tls-remote-Direktive Serverzertifikate aufgrund ihres CN akzeptieren oder ablehnen. Weiterreichend ist die Erstellung eines Skriptes für die `tls-verify`-Direktive, die aufgrund von Subject-Details des Zertifikats die Entscheidung fällen kann, ob diesem Zertifikat vertraut wird oder nicht.

Schließlich können Sie zwei verschiedene CAs einrichten: eine für die Signierung von Serverzertifikaten und eine für die Erstellung von Clientzertifikaten. Wenn Sie dieses Vorgehen verwenden, muss die ca-Direktive des Servers auf das Client-CA-Zertifikat verweisen und die ca-Direktive der Clients auf das Server-CA-Zertifikat.

Signieren Sie alle Pakete

Sie können, sofern Sie TLS-Zertifikate verwenden, auch eine weitere Sicherheitsebene einführen, in der alle Pakete kryptographisch signiert werden. Pakete, die nicht signiert sind, können ohne weitere Bearbeitung verworfen werden. Damit wird ein DoS-Angriff auf den OpenVPN-Server erschwert, bei dem z.B. so viele TLS-Handshake-Angebote an den Server geschickt werden, dass dessen CPU-Kapazität nicht mehr ausreicht. Da ein Angreifer in der Regel nicht den Schlüssel für die Signaturen hat, können die Handshake-Pakete direkt verworfen werden, ohne dass (viele) Ressourcen dafür verwendet werden. Auch Portscans lassen sich so umgehen, sofern Sie das UDP-Protokoll nutzen.

Um diese Signaturen erstellen zu können, benötigen Sie zunächst einen Schlüssel, der für das Signieren verwendet werden soll. Dieser Schlüssel wird genauso wie ein statischer Sitzungsschlüssel generiert:

```
openvpn --genkey --secret signaturschluessel
```

Die Datei *signaturschluessel* muss auf den Server und alle Clients kopiert werden. Richten Sie danach das Signieren mit der `tls-auth`-Direktive ein. Auf dem Server fügen Sie die folgende Zeile zu Ihrer Konfiguration hinzu:

```
tls-auth signaturschluessel 0
```

und auf den Clients:

```
tls-auth signaturschluessel 1
```

Verwenden Sie einen eigenen Benutzer für den OpenVPN-Dienst

Diese Möglichkeit steht nur unter Nicht-Windows-Systemen zur Verfügung. Lassen Sie den OpenVPN-Prozess nicht mit root-Rechten laufen. Wenn der Dienst geknackt wird, hat der Angreifer alle Rechte des Dienstes! Richten Sie einen eigenen Benutzer und eine eigene Gruppe für den Dienst ein, z.B. den Benutzer openvpn und die Gruppe openvpn. Benutzer und Gruppe sollten so wenig Zugriffsrechte auf das System wie möglich haben.

Nun können Sie den Wechsel des Benutzers und der Gruppe mit den Direktiven

```
user openvpn
group openvpn
```

veranlassen.

Sperren Sie den OpenVPN-Dienst ein

Diese Möglichkeit steht nur unter Nicht-Windows-Systemen zur Verfügung. Unix-artige Betriebssysteme bieten einen Systembefehl namens chroot an. Hiermit wird einem Prozess vorgegaukelt, dass ein Verzeichnis (inklusive aller Unterverzeichnisse) den vollständigen Verzeichnisbaum des Systems darstellt. Sollte ein Angreifer somit den Dienst knacken können, hat er nur Zugriff auf diesen isolierten Teil des Systems.

OpenVPN bietet eine integrierte chroot-Direktive an, so dass es nach der Initialisierung und dem Einlesen aller notwendigen Bibliotheken in ein recht leeres Verzeichnis eingesperrt werden kann. Nur Dateien, die zur Laufzeit gelesen werden müssen, wie beispielsweise Skripten die vom OpenVPN-Prozess aufgerufen werden (sowie der Skript-Interpreter bzw. das entsprechende Shell-Programm und alle im Skript aufgerufenen Befehle und deren Bibliotheken), müssen in der chroot-Umgebung vorhanden sein. Wenn Sie beispielsweise eine chroot-Umgebung für den OpenVPN-Prozess unter /var/lib/openvpn/chroot eingerichtet haben, können Sie dies mit der Konfiguration

```
chroot /var/lib/openvpn/chroot
```

aktivieren.

Nutzen Sie das UDP-Protokoll

UDP ist aufgrund seiner Arbeitsweise gegenüber DoS-Angriffen und Port-Scans resistenter als das TCP-Protokoll.

Verwenden Sie längere Schlüssel

Aktuell werden RSA-Schlüssel in den Zertifikaten, die von den easyrsa-Skripten erzeugt werden, mit einer Schlüssellänge von 1024 Bit erstellt. Sie können die KEY_SIZE-Variable in easyrsa/vars auf 2048 Bit stellen, um einen bedeutend längeren Schlüssel zu erhalten, ohne sich spürbare Nachteile einzuhandeln. Die Aushandlung eines Sitzungsschlüssels dauert etwas länger, genauso wie die einmalige Aushandlung der Diffie-Hellman-Parameter.

Ferner können Sie für die Verschlüsselung des Datenverkehrs einen längeren Schlüssel anfordern. Standardmäßig wird der Blowfish-Algorithmus mit einem 128-Bit-Schlüssel verwendet. Sie können beispielsweise einen AES-Schlüssel mit 256 Bit anfordern, indem Sie die folgende Konfiguration verwenden:

```
cipher AES-256-CBC
```

Verwenden Sie eine CRL

Mit einer CRL (Certificate Revocation List) können Sie TLS-Zertifikate von Clients selektiv für ungültig erklären, z.B. nachdem ein Schlüssel kompromittiert wurde oder die Passphrase für den privaten Schlüssel eines Zertifikats vergessen wurde. Diese CRL braucht

---

nur auf dem Server zur Verfügung zu stehen und muss nicht an die Clients verteilt werden (es sei denn, Sie müssen ein Server-Zertifikat für ungültig erklären – in diesem Fall muss auf jedem Client eine CRL kopiert werden, die die ungültigen Server-Zertifikate enthält).

Informationen über die Einrichtung und Verwendung einer CRL finden Sie in Kapitel 5, *Authentifizierung und Zertifikatsverwaltung*.

## KAPITEL 8

Sonstige Überlegungen zum Betrieb

Bridging oder Routing?

Generell bietet OpenVPN zwei verschiedene Möglichkeiten an, Tunnelendpunkte miteinander zu verbinden. Zum einen können die Endpunkte über eine virtuelle Bridge transparent in dasselbe LAN eingebettet werden, oder zum anderen über eine Point-to-Point-Verbindung mittels Routing gekoppelt werden. Beide Ansätze haben ihre Vor- und Nachteile, die hier kurz erörtert werden sollen.

Bridging

Der Hauptvorteil des Bridging-Ansatzes ist, dass alle VPN-Beteiligten im selben LAN liegen. Dies zieht einige Vorzüge nach sich: Es müssen keine Routingtabellen gepflegt werden, und jedes Protokoll, das über das Ethernet-Protokoll transportiert werden kann, kann auch über den VPN-Tunnel transportiert werden. Außerdem laufen auch Broadcasts über den VPN-Tunnel, was insbesondere bei der Nutzung von NetBIOS-Diensten wie dem Zugang zu Samba-Servern und Windows-Freigaben am anderen Ende des Tunnels erleichtert.

Allerdings beinhaltet gerade dieser letzte Punkt auch den Hauptnachteil des Bridgings: Da jeder Broadcast an alle angeschlossenen VPN-Beteiligten (und auch an andere eingewählte Clients!) weitergeleitet wird, skaliert diese Lösung nicht wirklich gut. Schon bei einer relativ geringen Anzahl von VPN-Clients werden die Netzwerkleitungen überlastet sein – gerade Windows-Rechner sind sehr geschwätzig, was Broadcasts angeht.

Routing

Wird der Tunnel mit einer Point-to-Point-Verbindung aufgebaut, greift das Routing-Prinzip. Dieser Ansatz ist bedeutend effizienter und skalierbarer als das Bridging, da nur die Pakete über den VPN-Tunnel geschickt werden, die explizit an einen Rechner auf der Gegenseite gerichtet sind. Einige hundert oder tausend VPN-Clients sollten für einen Server kein Problem sein. Ferner lassen sich die MTU-Einstellungen der Verbindungen einfacherer anpassen, um die Internetanbindung effizienter ausnutzen zu können.

Allerdings wird gerade die Skalierbarkeit durch einen höheren Administrationsaufwand erkauft: Um einzelne Netzwerke miteinander zu verbinden, müssen explizite Routen angelegt werden. Da Broadcasts nicht mehr über den Tunnel geschickt werden, können Dienste, die auf Broadcasts basieren, nicht über den VPN-Tunnel angesprochen werden. Für NetBIOS-Dienste wie Samba-Server und Windows-Freigaben muss ein WINS-Server auf dem Netzwerk des Windows-Servers betrieben werden, und dieser muss von den VPN-Clients angesprochen werden. WINS-Server können über die dhcp-option WINS-Direktive den Clients bekannt gemacht werden. Ferner funktioniert der Tunnel nur für IPv4 – für IPv6 funktioniert er nur, wenn die tun-Geräte auf beiden Seiten des Tunnels IPv6 explizit unterstützen. Andere Netzwerkprotokolle werden von OpenVPN nicht über den VPN-Tunnel geschleust.

Plugins

OpenVPN bietet die Möglichkeit, gewisse Funktionalitäten über Plugins nachzurüsten. Standardmäßig enthält der OpenVPN-Sourcecode zwei Beispielplugins: auth-pam, das in Kapitel 5, *Authentifizierung und Zertifikatsverwaltung* näher beschrieben wird, sowie down-root, das das Ausführen von Skripten der down-Direktive mit root-Rechten ermöglicht, auch wenn der OpenVPN-Prozess an sich mit den user-, group- oder chroot-Direktiven diese Rechte eigentlich abgegeben hat.

Plugins können anstelle von Skripten bei den folgenden Direktiven genutzt werden: auth-user-pass-verify, client-connect, client-disconnect, down, ipchange, learn-address, route-up, tls-verify und up. Geben Sie hier anstelle des Skriptpfades den Pfad zum Plug-in an.

Wenn Sie eigene Plugins für OpenVPN erstellen wollen, finden Sie eine recht ausführliche Beschreibung der API in der Datei openvpn-plugin.h des Quellcodes.

## KAPITEL 9

GUI-Administrationsprogramme

In diesem Kapitel wird auf zwei hilfreiche GUI-Programme einge-gangen, die den Umgang mit OpenVPN erleichtern. *OpenVPN Control* hilft bei der Verwaltung von VPN-Verbindungen, während *OpenVPN GUI* Windows-Benutzern beim Auf- und Abbau von Tunneln unter die Arme greift. Für MacOS X gibt es noch den *Tunnelblick* (*http://www.tunnelblick.net*), auf den hier allerdings nicht weiter eingegangen wird.

OpenVPN Control

OpenVPN Control ist ein Programm für Administratoren von OpenVPN-Servern, um einen Überblick über die verbundenen Clients zu erhalten. Besonders schön ist der vom Programm übernommene transparente Auf- und Abbau von SSH-Verbindungen zu entfernten Rechnern, auf denen OpenVPN-Server laufen.

OpenVPN Control ist sowohl als TCL-Programm für Linux und MacOS X als auch vorkompiliert für Windows erhältlich. Das Programm kann von *http://sourceforge.net/projects/openvpn-control/* heruntergeladen werden. Zu dem Zeitpunkt, als dieses Buch geschrieben wurde, war die Version 1.0.2 aktuell.

Nach dem Installieren und Ausführen von OpenVPN Control öffnet sich das Fenster aus Abbildung 9.1. Das Programm versucht beim Programmstart sich automatisch mit den konfigurierten Servern zu verbinden. Beim ersten Start gibt es eine Default-Konfiguration namens »OpenVPN Control«. Diese versucht sich mit dem Management-Interface eines OpenVPN-Servers auf dem lokalen Rechner zu verbinden. Wenn Sie keinen OpenVPN-Server auf dem lokalen Rechner installiert haben oder wenn das Management-Interface auf einem anderen Port als 7505 läuft, wird eine Warnmeldung angezeigt. Diese Meldung können Sie ignorieren.

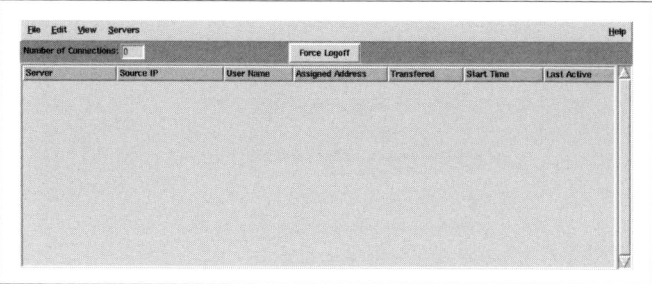

Abbildung 9.1: Das Übersichtsfenster von OpenVPN Control.

Zunächst müssen Verbindungen zu den Servern konfiguriert werden. Wurde danach eine Verbindung erfolgreich zu den Servern aufgebaut, werden im unteren Abschnitt die aktuell aufgebauten VPN-Verbindungen zu diesen Servern angezeigt.

Die Konfigurationsmaske

Über den Menüpunkt *File→Configure OpenVPN Control* erreichen Sie die Konfigurationsmaske für Server, die auch in Abbildung 9.2 dargestellt ist. Im Folgenden werden die Maskenelemente von oben nach unten und links nach rechts beschrieben.

Add Server

Über diesen Button können Sie einen neuen Server zur Konfiguration hinzufügen. Nach dem Klicken des Buttons geht ein Fenster auf, das nach einem »User Friendly name of OpenVPN Server« fragt. Dieser Name wird in der Konfiguration und bei der Anzeige der Verbindungen genutzt.

Rename Server

Durch das Klicken auf diesen Button können Sie den aktuell in der Konfigurationsmaske ausgewählten Server umbenennen.

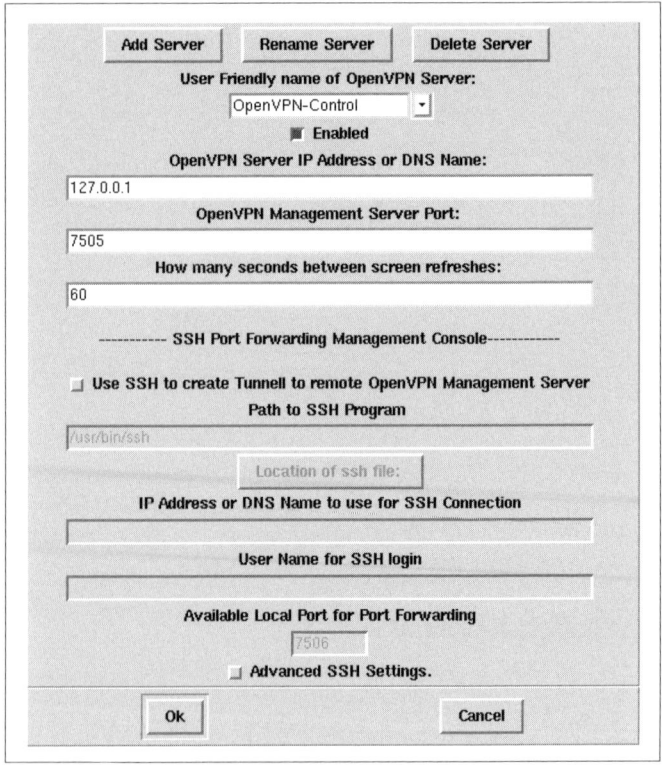

Abbildung 9.2: Die Konfigurationsmaske von OpenVPN Control.

Delete Server

Wenn Sie diesen Button anklicken, wird der aktuell in der Konfigurationsmaske ausgewählte Server gelöscht.

User Friendly Name of OpenVPN Server

Hier wird der aktuell ausgewählte Server in der Konfigurationsmaske angezeigt. Über die Select-Box können Sie andere, bereits konfigurierte Server auswählen, um sich deren Konfiguration anzeigen zu lassen oder zu verändern.

Enabled

Ist dieser Punkt aktiviert, dann wird der aktuell ausgewählte Server als aktiv gekennzeichnet, und OpenVPN Control versucht, eine Verbindung zu diesem Server aufzubauen.

OpenVPN Server IP Address or DNS Name

Die IP-Adresse des Rechners, auf dem der OpenVPN-Server läuft. Da die Verbindung mit dem Management-Interface nicht über einen VPN-Tunnel aufgebaut wird und somit im Klartext über das Netzwerk fließt, sollten Sie hier lediglich die IP-Adresse 127.0.0.1 (den lokalen Rechner) eintragen – entfernte Server sollten Sie über SSH-Tunnel verwalten. In diesem Fall wird hier auch die IP-Adresse 127.0.0.1 eingetragen und zusätzlich ein SSH-Tunnel konfiguriert. Die Punkte hierfür werden weiter unten beschrieben.

OpenVPN Management Server Port

Der Port, auf dem das Management-Interface des OpenVPN Servers nach Verbindungen lauscht. Die IP-Adresse und den Port für das Management-Interface können Sie über die management-Direktive auf dem Server konfigurieren.

How many seconds between screen refreshes

Gibt das Zeitintervall in Sekunden an, nach dem die Anzeige der aktuell laufenden Verbindungen aktualisiert wird. Standardwert sind 60 Sekunden.

Use SSH to create Tunnel to remote OpenVPN Management Server

Ist dieser Punkt aktiviert, baut OpenVPN Control eine SSH-Verbindung mit dem Rechner, der unter »IP-Adress or DNS Name to use for SSH Connection« angegeben ist, auf, um die Verbindung mit der Management-Konsole über die SSH-Verbindung zu tunneln. Diese Option sollten Sie immer verwenden, wenn OpenVPN Control nicht auf demselben Rechner wie der OpenVPN-Server läuft.

Location of ssh file

Dieser Button ist deaktiviert, solange »Advanced SSH Settings« nicht aktiviert ist. Ein Klick auf diesen Button sollte wohl einen

Dialog öffnen, aber diese Funktion scheint kaputt zu sein – es öffnet sich lediglich ein leeres Fenster. Dieser Umstand tut der grundlegenden Funktionalität von OpenVPN Control jedoch keinen Abbruch.

IP Address or DNS Name to use for SSH Connection
Die IP-Adresse oder der Rechnername, mit dem eine SSH-Verbindung aufgebaut werden soll. Die Verbindung zur Management-Konsole wird über diese SSH-Verbindung getunnelt.

User Name for SSH login
Der Benutzername, mit dem sich auf dem entfernten Rechner mittels SSH eingeloggt werden soll.

Available Port for Port Forwarding
Hier können Sie manuell einen lokalen Port für das Port Forwarding eintragen. In den meisten Fällen ist der Defaultwert von 7506 ausreichend.

Advanced SSH Settings
Ist dieser Punkt aktiviert, können Sie den Pfad zum SSH-Programm manuell eingeben, und der Button »Location of ssh File« wird aktiviert.

Ok
Speichert die Einstellungen und schließt die Konfigurationsmaske.

Cancel
Verwirft die Einstellungen und schließt die Konfigurationsmaske.

Nachdem Sie die Konfigurationsmaske geschlossen haben, versucht OpenVPN Control direkt, Verbindungen zu den neu konfigurierten Servern aufzubauen. Falls SSH-Tunnel aufgebaut werden, wird ein Fenster aufgehen, das Sie nach dem Passwort für den angegebenen Benutzer auf dem entfernten Rechner fragt. Nachdem Sie das Passwort eingegeben haben, wird der Tunnel aufgebaut und die aktuell vorhandenen Verbindungen zu den VPN-Servern werden angezeigt.

Die Menü-Struktur

In diesem Abschnitt wird die Menüstruktur der Hauptmenüs des Programms erörtert.

FILE→CONFIGURE OPENVPN CONTROL
  Über diesen Menüpunkt können Sie die Server konfigurieren, die von OpenVPN Control verwaltet werden sollen. Die Konfigurationsmaske wurde im vorigen Abschnitt genauer erläutert.

FILE→EXIT
  Beendet OpenVPN Control.

EDIT→COPY
  Kopiert die Verbindungsdaten der aktuell ausgewählten Verbindungen in die Zwischenablage.

EDIT→SELECT ALL
  Wählt alle angezeigten Verbindungen aus.

EDIT→CLEAR SELECTION
  Deselekiert alle ausgewählten Verbindungen.

VIEW→SORT DIRECTION
  Über diesen Menüpunkt lässt sich die Sortierungsreihenfolge des über VIEW→SORT ORDER ausgewählten Sortierkriteriums ändern: Mit »Sort Ascending« wird aufsteigend sortiert, mit »Sort Descending« absteigend.

VIEW→SORT ORDER
  Hier lässt sich das Sortierkriterium ändern. Sie können nach Server, Client IP (Source IP), Benutzername (»User Name«), zugewiesener IP-Adresse (»Assigned Address«), transferiertem Datenvolumen (»Transfered«), Verbindungszeit (»Start Time«) und dem Zeitpunkt der letzten Datenübertragung (»Last Active«) sortieren.

VIEW→REFRESH
  Aktualisiert die Anzeige der Verbindungen.

SERVER→ALL
  Zeigt alle Verbindungen aller konfigurierten Server an.

SERVER→SERVER
Zeigt alle Verbindungen dieses einen Servers an.

HELP→ABOUT
Zeigt eine kurze Information über das Programm, wie Copyright, Versionsnummer und URL des Projekts.

Das Hauptfenster

Hier werden die aktuellen Verbindungen mit den Servern angezeigt. Zu jeder Verbindung werden der Server, die Client-IP (Source IP), der Benutzername (»User Name«), die zugewiesene IP-Adresse (»Assigned Address«), das transferierte Datenvolumen (»Transfered«), die Verbindungszeit (»Start Time«) und der Zeitpunkt der letzten Datenübertragung (»Last Active«) angezeigt. Über einen Klick auf eine Verbindung können Sie diese auswählen und entweder über EDIT→COPY die Daten der Verbindung in die Zwischenablage kopieren oder durch das Klicken des Buttons FORCE LOGOFF die ausgewählte VPN-Verbindung zum Server beenden.

OpenVPN GUI

Bei OpenVPN GUI handelt es sich um ein einfach zu bedienendes Programm für Windows, mit dem eine Steuerung der OpenVPN-Verbindungen leicht gemacht wird. Die Homepage von OpenVPN GUI finden Sie unter *http://www.openvpn.se*. Im folgenden Abschnitt wird die aktuelle stabile Version 1.0.3 behandelt.

Nach dem Herunterladen kann das Programm ohne weitere Aktion genutzt werden – es ist weder ein Entpacken noch eine Installation notwendig. Jedoch sollten Sie den ersten Programmstart als Administrator ausführen, damit die notwendigen Registry-Schlüssel angelegt werden können.

Nach dem Starten bettet sich OpenVPN GUI unten rechts in die Windows Taskleiste ein (siehe Abbildung 9.3). Über einen Rechtsklick auf das Icon kann ein Kontextmenü geöffnet werden, mit dem sich die VPN-Verbindungen steuern lassen (siehe Abbildung 9.3).

Abbildung 9.3: OpenVPN GUI in der Taskleiste.

Wenn Sie gerade keine VPN-Verbindung offen haben, liest Open-VPN GUI bei jedem Öffnen des Kontext-Menüs das Standard-OpenVPN-Konfigurationsverzeichnis auf Ihrem Rechner (C:\Programme\OpenVPN\config) und blendet so automatisch neu hinzugekommene Konfigurationen in das Kontextmenü ein. Wenn Sie nur eine Konfigurationsdatei vorliegen haben, können Sie die Aktionen für die Tunnelsteuerung direkt erreichen, wie in Abbildung 9.4 zu sehen ist. Falls Sie mehr als eine Konfigurationsdatei eingerichtet haben, wird ein Untermenü für jede Konfigurationsdatei angelegt, über die Sie jeden Tunnel einzeln ansteuern können, siehe Abbildung 9.5.

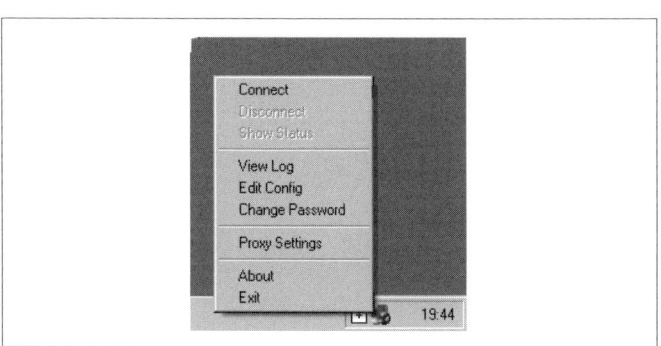

Abbildung 9.4: Das Kontestmenü von OpenVPN GUI.

Punkte des Kontextmenüs

Im Folgenden werden die einzelnen Punkte des Kontextmenüs kurz beschrieben.

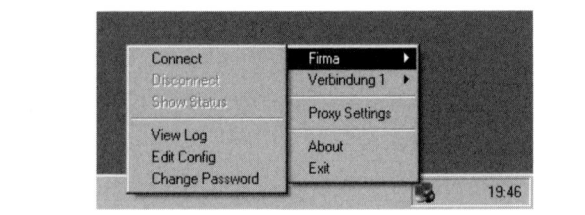

Abbildung 9.5: Mehrere Konfigurationen werden dargestellt.

Aktionen für Verbindungen

Wenn Sie nur eine Konfigurationsdatei in Ihrem OpenVPN-Konfigurationsverzeichnis haben, werden diese Punkte direkt in das Kontextmenü eingeblendet. Ansonsten wird für jede Verbindung ein Untermenü erstellt, in dem Sie diese Aktionen für die jeweilige Verbindung finden.

CONNECT

Öffnet ein Statusfenster und versucht, die jeweilige Verbindung aufzubauen. Im Statusfenster wird ein Protokoll des Verbindungsaufbaus angezeigt. Nach einem erfolgreichen Verbindungsaufbau wird das Fenster wieder ausgeblendet, und das Icon von OpenVPN GUI zeigt zwei grüne anstelle von zwei roten Monitoren an. Mehr Informationen zum Statusfenster finden Sie unter dem Punkt »Show Status«. Falls die Eingabe einer Passphrase zum Entschlüsseln Ihres TLS-Schlüssels notwendig ist, wird hierfür ein separates Fenster geöffnet.

DISCONNECT

Baut die jeweilige Verbindung wieder ab.

SHOW STATUS

Blendet das Statusfenster wieder ein, das während des Verbindungsaufbaus angezeigt wird. Am unteren Rand des Statusfensters befinden sich drei Buttons: DISCONNECT, mit dem die aktuelle Verbindung abgebaut werden kann, RECONNECT, um die Verbindung neu zu initialisieren, und HIDE, um das Fenster wieder auszublenden.

VIEW LOG

Wenn Sie diesen Menüpunkt auswählen, wird die Protokolldatei zur jeweiligen Verbindung in einer Notepad-Instanz angezeigt.

EDIT CONFIG

Öffnet die Verbindungskonfiguration in Notepad, um ein einfaches Editieren zu ermöglichen.

CHANGE PASSWORD

Mit diesem Menüpunkt können Sie die Passphrase Ihres TLS-Schlüssels ändern, sofern Sie eine nutzen. Passphrasen, die über diesen Menüpunkt eingegeben werden, müssen mindestens acht Zeichen lang sein.

Allgemeine Aktionen

Diese Aktionen stehen immer im Hauptbereich des Kontextmenüs.

PROXY SETTINGS

Hier können Sie Ihre Proxy-Einstellungen angeben. Wenn Sie diesen Menüpunkt anwählen, öffnet sich ein Fenster, in dem Sie verschiedene Konfigurationsmöglichkeiten haben:

USE OPENVPN CONFIG-FILE SETTINGS

Nutzt die Proxy-Daten, die in der jeweiligen Konfigurationsdatei der Verbindung eingetragen sind.

USE INTERNET EXPLORER SETTINGS (MANUALLY CONFIGURED)

Liest die Proxy-Daten aus den Einstellungen des Internet Explorers aus, sofern die Daten hier manuell eingetragen wurden.

MANUAL CONFIGURATION

Hier können Sie manuell explizit die IP-Adresse und den Port eines HTTP- oder SOCKS-Proxys angeben. Wenn eine Authentifizierung beim HTTP-Proxy notwendig ist, sollten Sie den Punkt »Prompt for username/password« when connecting anwählen, damit Sie zu gegebener Zeit nach den Authentifizierungsdaten gefragt werden.

ABOUT
>Zeigt eine kurze Übersicht über das Programm an, inklusive der Versionsnummer und URL der Homepage.

EXIT
>Beendet OpenVPN GUI. Wenn Sie das Programm beenden, werden eventuell noch offene VPN-Tunnel automatisch geschlossen.

Verbindungsskripte

Mit OpenVPN GUI haben Sie die Möglichkeit, Skripte zu verschiedenen Zeitpunkten der Tunnelverbindung ausführen zu lassen, beispielsweise um Netzlaufwerke einzubinden. Diese Skripte sollten in Ihrem OpenVPN-Konfigurationsverzeichnis angelegt werden. Die Dateinamen der Skripte benötigen alle ein Präfix, das mit dem Namen der Konfigurationsdatei für die jeweilige Verbindung identisch ist. Wenn Sie also eine Konfigurationsdatei mit dem Namen `firma.ovpn` haben, heißt das zugehörige Pre-Skript `firma_pre.bat`.

`präfix_pre.bat`
>Dieses Skript wird vor dem Aufbau des Tunnels ausgeführt.

`präfix_up.bat`
>Dieses Skript wird direkt nach dem Aufbau des Tunnels ausgeführt.

`präfix_down.bat`
>Dieses Skript wird direkt vor dem Tunnelabbau ausgeführt.

Registry-Schlüssel

Die Registry-Schlüssel von OpenVPN GUI befinden sich alle im Pfad `HKEY_LOCAL_MACHINE\SOFTWARE\OpenVPN-GUI`. Die im Folgenden angegebenen Schlüssel können auch mit einem einleitenden doppelten Minuszeichen (`--`) als Kommandozeilenoption verwendet werden:

`config_dir pfad`
>Gibt das Konfigurationsverzeichnis an, in dem nach OpenVPN-Konfigurationsdateien gesucht werden soll. Der Standardwert ist `C:\Programme\OpenVPN\config`.

`config_ext` *dateierweiterung*

> Gibt den Namen der Dateierweiterung an, die als OpenVPN-Konfigurationsdatei erkannt werden soll. Der Standardwert ist ovpn.

`connectscript_timeout` *sekunden*

> Gibt die Anzahl der Sekunden an, die ein up-Skript laufen darf. Ist der Wert auf 0 gestellt, wird der Rückgabecode des Skripts nicht überprüft.

`disconnectscript_timeout` *sekunden*

> Gibt die Anzahl der Sekunden an, die ein down-Skript laufen darf. *sekunden* muss zwischen 1 und 99 liegen.

`preconnectscript_timeout` *sekunden*

> Gibt die Anzahl der Sekunden an, die ein pre-Skript laufen darf. *sekunden* muss zwischen 1 und 99 liegen.

`exe_path` *pfad*

> Gibt den Pfad zur Datei OpenVPN.exe an. Der Standardwert ist C:\Programme\OpenVPN\bin\openvpn.exe.

`log_dir` *verzeichnis*

> Gibt das Verzeichnis an, in dem die OpenVPN-Protokolldateien zu finden sind. Der Standardwert ist C:\Programme\OpenVPN\log.

`log_append` 0|1

> Ist hier der Wert 0 angegeben, so werden Protokolldateien bei jeder Verbindung überschrieben. Beim Wert 1 werden die Protokolleinträge bei neuen Verbindungen an die Datei angehängt.

`priority` IDLE_PRIORITY_CLASS|BELOW_NORMAL_PRIORITY_CLASS|NORMAL_PRIORITY_CLASS|ABOVE_NORMAL_PRIORITY_CLASS|HIGH_PRIORITY_CLASS

> Gibt die Priorität der OpenVPN-Instanzen an.

`allow_edit` 0|1

> Wird dieser Wert auf 0 gesetzt, wird der Menüpunkt EDIT nicht mehr angezeigt.

`allow_password 0|1`

Wird dieser Wert auf 0 gesetzt, wird der Menüpunkt CHANGE PASSWORD nicht mehr angezeigt.

`allow_proxy 0|1`

Wird dieser Wert auf 0 gesetzt, wird der Menüpunkt PROXY SETTINGS nicht mehr angezeigt.

`allow_service 0|1`

Wird dieser Wert auf 1 gesetzt, werden anstelle der Menüpunkte CONNECT und DISCONNECT Aktionen angezeigt, mit denen der OpenVPN-Dienst gestartet und gestoppt werden kann. Um diese Option nutzen zu können, müssen Sie Open-VPN GUI mit Administrator-Rechten ausführen.

`service_only 0|1`

Wird dieser Wert auf 1 gesetzt, wird das Statusfenster beim Verbindungsaufbau nicht eingeblendet.

`show_balloon 0|1|2`

Mit dem Wert 0 wird nie ein Popup-Fenster bei einem Verbindungsaufbau gezeigt. Mit dem Wert 1 wird nur bei der initialen Verbindung ein Dialog angezeigt, mit dem Wert 2 auch bei Verbindungsneuaufbauten.

`log_viewer pfad`

Gibt den Pfad zum Programm an, das zum Betrachten der Protokolldateien genutzt werden soll. Der Standardwert ist `C:\windows\notepad.exe`.

`editor pfad`

Gibt den Pfad zum Programm an, das zum Editieren der Konfigurationsdateien genutzt werden soll. Der Standardwert ist `C:\windows\notepad.exe`.

`passphrase_attempts anzahl`

Gibt an, wie viele Versuche zum Eingeben der Passphrase für den TLS-Schlüssel erlaubt sein sollen.

## KAPITEL 10

Stolperfallen und häufige Fehler

In diesem Kapitel wird auf häufige Probleme mit OpenVPN eingegangen.

Ein Windows XP SP2-Client verbindet sich zum Server, bekommt aber keine IP-Adresse über DHCP

Stellen Sie zunächst sicher, dass der DHCP-Client-Dienst auf dem
Windows-Client-Rechner läuft. Klicken Sie auf START→EINSTEL-
LUNGEN→SYSTEMSTEUERUNG→VERWALTUNG→DIENSTE. Suchen
Sie den Dienst DHCP-Client, und stellen Sie sicher, dass sein Status
»Gestartet« anzeigt. Tut er dies nicht, öffnen Sie die Eigenschaften
vom DHCP-Client und stellen den Starttyp »Automatisch« ein. Sie
können den Dienst auch starten, indem Sie auf den Button Starten
unter der Anzeige des Dienststatus klicken.

Eine andere Möglichkeit ist, dass Ihre Personal Firewall Probleme
bei der DHCP-Aushandlung bereitet. Unter *http://openvpn.se/
xpsp2_problem.html* finden Sie eine Tabelle mit Firewallprogram-
men, die Probleme bereitet haben. Die einzige bekannte Lösung
dieses Problems ist ein Deinstallieren des Service Packs 2 von XP
oder das Ändern der Personal Firewall-Software. Natürlich können
Sie auch über die win-ip32-Direktive eine andere IP-Adressen-
Zuordnung als DHCP einrichten, wenn Sie keine dynamischen IP-
Adressen benötigen (und Sie nicht Dutzende oder Hunderte von
Rechnern administrieren müssen).

Wenn Sie die in Windows XP eingebaute Firewall nutzen, deaktivieren Sie diese für das TAP-Win32-Gerät unter START→EINSTEL-
LUNGEN → SYSTEMSTEUERUNG → SICHERHEITSCENTER → WINDOWS
FIREWALL→ERWEITERT und entfernen die Haken aus den Select-
boxen, die den TAP-Geräten entsprechen.

Interoperabilitätsprobleme zwischen OpenVPN 2.0 und kleineren Versionsnummern

Die wohl größte Stolperfalle hier ist, dass mit der Version 2.0-beta17 OpenVPN einen neuen Standardport erhalten hat, der auch bei der IANA eingetragen (und somit »offiziell«) ist. Vorher war die Portnummer 5000, nun liegt der Default-Port auf 1194. Stellen Sie sicher, dass Sie beim Server oder bei den Clients entsprechend die Portnummer ändern.

Weitere Standardwerte, die sich beim Versionssprung von 1.x auf 2.0 geändert haben, sind:

```
tun-mtu 1500
tun-mtu-extra 32
mssfix 1450
key-method 2
```

Ferner kann sich eine OpenVPN 1.x-Instanz nicht mit einer OpenVPN 2.0-Instanz verbinden, die mit der mode server-Direktive läuft, da hier der Version 1.x grundlegende Funktionalität fehlt.

Ein Client verbindet sich ohne Probleme, wird aber von einem zweiten Client auf dem Server komplett verdrängt

Dieses Problem tritt auf, wenn die Clients dasselbe Zertifikat nutzen. Zumindest der Common Name im Zertifikat sollte für jeden Client eindeutig sein. Wenn Sie die Wiederverwendung absolut nicht umgehen können, können Sie auch die duplicate-cn-Direktive verwenden.

Eine Verbindung kommt zustande, und Pings laufen zwischen beiden verbundenen Rechnern, aber das Netzwerk hinter dem entfernten Rechner ist nicht erreichbar

Stellen Sie zunächst sicher, dass Ihre Firewalls nicht den Verkehr des tun- oder tap-Geräts herausfiltern. Ferner sollte auf dem OpenVPN-Server, dessen Netzwerk erreichbar sein soll, auch das Weiterleiten von IP-Paketen erlaubt sein. Unter Linux aktivieren Sie dies (als root!) mit dem Befehl

```
echo "1" > /proc/sys/net/ipv4/ip_forward
```

Unter Windows 2000 und XP müssen Sie in der Registry einen Schlüssel hinzufügen. Wechseln Sie zunächst zum Pfad `HKEY_LOCAL_MACHINE\SYSTEM\CurrentControlSet\Services\Tcpip\Parameters`, und fügen Sie den Schlüssel `IPEnableRouter` als `RegDWord` mit dem Wert 1 hinzu.

Stellen Sie außerdem sicher, dass die Rechner im Netzwerk eine Route für die VPN-Verbindungen haben, wenn Sie den Routing-Modus von OpenVPN mit tun-Geräten nutzen. Hierzu sollten Sie auf Ihrem Standardgateway eine Route für die VPN-Netze einrichten, die auf den Rechner zeigt, auf dem der OpenVPN-Server läuft.

Ein Pingen durch den Tunnel ist möglich, aber sobald größere Datenpakete verschickt werden, friert der Tunnel ein

Dies deutet auf ein MTU-Problem hin. Setzen Sie die `mssfix`- und `fragment`-Direktiven auf beiden Tunnelendpunkten zunächst auf einen sehr kleinen Wert wie 1200, und schauen Sie, ob der Verkehr nun so fließt wie er soll. Erhöhen Sie diese Werte schrittweise, bis der Verkehr wieder einfriert, und kehren Sie zum letzten funktionierenden Wert zurück.

Nach der Installation des TAP-Win32-Geräts funktionieren manche Netzwerkfunktionen nicht mehr

Windows setzt das TAP-Win32-Gerät nach der Installation still und leise an die erste Stelle seiner internen Netzwerkgeräte. Dadurch wird der Adapter der Standard für manche Funktionen. Mir ist es beispielsweise passiert, dass TCP-Verkehr nach wie vor über die vorherige Standardnetzwerkkarte den Rechner verließ, UDP-Pakete allerdings auf mysteriöse Art und Weise verschwanden – was bei Online-Spielen eher stört.

Da es keine Möglichkeit für die Programmierer des TAP-Win32-Geräts gibt, dieses Verhalten in der Installationsroutine zu ändern, müssen Sie selbst Hand anlegen. Unter START→EINSTELLUNGEN →NETZWERKVERBINDUNGEN→ERWEITERT→ERWEITERTE EINSTELLUNGEN können Sie in der oberen Liste die Reihenfolge der Netzwerkgeräte ändern. Verschieben Sie das TAP-Win32-Gerät unter die Position Ihrer regulären Netzwerkkarten.

Sie wollen zwei Netzwerke mit überlappenden IP-Adressbereichen verbinden

Mit iptables ab der Version 1.2.7a können Sie mit der NETMAP-Aktion arbeiten. Im folgenden Beispiel ist das Netzwerk 192.168.1.0/24 in beiden Netzwerken vorhanden. Das lokale Netzwerk kann nach dem Einfügen einer dieser Regeln von der Gegenseite jedoch als 10.10.10.0/24 angesprochen werden. Verwenden Sie

```
iptables -t nat -A PREROUTING -d 10.10.10.0/24 -j NETMAP -to
192.168.1.0/24
```

oder:

```
iptables -t nat -A POSTROUTING -d 192.168.1.0/24 -j NETMAP -to
10.10.10.0/24
```

Index

O'Reillys Taschenbibliothek
kurz & gut

Linux
Daniel J. Barrett, 204 Seiten, 2004, 9,90 €
ISBN 978-3-89721-501-6

Eine praktische, anwenderorientierte Kurzreferenz, die auf engstem Raum alle wichtigen Konzepte, Befehle und Optionen vorstellt.

Linux iptables
Gregor N. Purdy, 100 Seiten, 2005, 8,- €
ISBN 978-3-89721-506-1

In *Linux iptables – kurz & gut* findet der Leser eine hilfreiche Orientierung für die komplexe iptables-Syntax und Beispielwerte zur optimalen Sicherung des Systems.

SSH, 2. Auflage
Sven Riedel, 232 Seiten, 2006, 12,- €
ISBN 978-3-89721-523-8

Eine kompakte Referenz zur Verwendung und Konfiguration der SSH-Clients und -Server. Behandelt werden u.a. auch die Schlüsselverwaltung, Port-Forwarding und verschiedene Authentifizierungsmethoden.

MySQL, 2. Auflage
George Reese & Lars Schulten, 168 Seiten, 2006, 9,90
ISBN 978-3-89721-525-2

Vollständig aktualisierte und erweiterte Neuauflage der praktischen Schnellreferenz, deckt jetzt MySQL 5 ab. Enthält alle wichtigen von MySQL unterstützten SQL-Befehle, Datentypen, Operatoren und Funktionen.

PHPUnit
Sebastian Bergmann, 84 Seiten, 2005, 8,- €
ISBN 978-3-89721-515-3

Enthält neben Referenzmaterial zu PHPUnit die wichtigsten Informationen zum Testen von Programmcode allgemein, zum Prinzip des Test-First und zum Schreiben und Ausführen von Unit-Tests mit PHPUnit.

O'Reillys Taschenbibliothek
kurz & gut

Windows-Befehle für Vista & Server 2003, 2. Aufl.
Æleen Frisch & Helge Klein, 208 Seiten, 2007, 12,- €
ISBN 978-3-89721-528-3

Beschreibt alle wesentlichen Befehle der Kommandozeilen von Windows Vista und Windows Server 2003 (sowie Windows 2000 und XP) mit ihren jeweiligen Optionen, ebenso die Befehle der jeweiligen Resource Kits und Support Tools.

sendmail, 2. Auflage
Bryan Costales, Eric Allman & Kathrin Lichtenberg
116 Seiten, 2004, 8,- €, ISBN 978-3-89721-502-3

Gibt einen kompakten Überblick über alle wichtigen Befehle, Optionen und Makro-Definitionen. Die zweite Auflage wurde komplett aktualisiert und behandelt die Version 8.12.

Unix System-Administration
Æleen Frisch, 156 Seiten, 2003, 9,90 €
ISBN 978-3-89721-250-3

Behandelt alle grundlegenden Befehle zur Unix-Systemadministration, die wichtigsten Konfigurationsdateien sowie plattformspezifische Besonderheiten. Berücksichtigt werden SuSE Linux 8.1, Red Hat Linux 8.0, Solaris 8 und 9, FreeBSD 4.7, AIX 5 und HP-UX 11.

Apache, 2. Auflage
Andrew Ford, 160 Seiten, 2007, 9,90 €
ISBN 978-3-89721-530-6

2. Auflage vollständig überarbeitet und auf Apache 2.2 aktualisiert. Behandelt werden: Kommandozeilen-Optionen, Module, Hilfsprogramme, Betrieb und Konfiguration, Performance Tuning, Request-Verarbeitung, Zeitformate, CGI-Umgebungsvariablen, Sicherheitsfragen und sichere Versionen von Apache.

Mac OS X Tiger
Chuck Toporek, 252 Seiten, 2005, 12,- €
ISBN 978-3-89721-514-6

Behandelt ganz kompakt die wichtigsten Systemwerkzeuge, zeigt praktische Tipps und Tricks für alltägliche Aufgaben und enthält eine Einführung in die meistgenutzten Unix-Befehle. Diese Ausgabe behandelt natürlich alle Tiger-Neuigkeiten wie Spotlight, Dashboard und andere.

Linux & Sicherheit

Linux Server-Sicherheit, 2. Auflage

Michael D. Bauer, 598 Seiten, 2005, 44,- €
ISBN 978-3-89721-413-2

Erklärt die Prinzipien verlässlicher Systeme und der Netzwerksicherheit, zeigt typische Risiken auf, gibt praktische Tipps für gängige Sicherungsaufgaben und kombiniert das mit profunden und detaillierten Beschreibungen der technischen Werkzeuge, die für einen bestimmten Einsatz empfohlen werden.

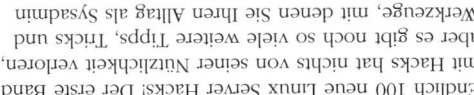

Linux-Firewalls – Ein praktischer Einstieg, 2. Auflage

Andreas Lessig, 608 Seiten, 2006, 42,- €
ISBN 978-3-89721-446-0

Hilft Ihnen, die für Sie geeignete Firewall-Lösung zu finden und Schritt für Schritt zu realisieren: Ob Sie nun Ihre privaten Computer zu Hause oder das lokale Netz Ihrer Firma und Ihren Webserver schützen wollen.

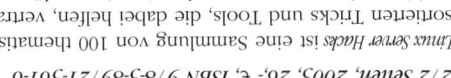

Linux Server Hacks

100 Insider-Tricks & Tools, Rob Flickenger
272 Seiten, 2003, 26,- €, ISBN 978-3-89721-361-6

Linux Server Hacks ist eine Sammlung von 100 thematisch sortierten Tricks und Tools, die dabei helfen, vertrackte Probleme der Linux-Systemadministration zu lösen. Alle Hacks stammen von Experten, lassen sich in wenigen Minuten lesen – und sparen Stunden mühevoller Arbeit.

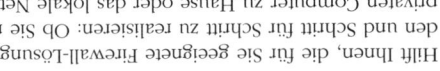

100 neue Linux Server Hacks

Bill von Hagen & Brian K. Jones, 552 Seiten, 2006, 34,90 €
ISBN 978-3-89721-461-3

Endlich 100 neue Linux Server Hacks! Der erste Band mit Hacks hat nichts von seiner Nützlichkeit verloren, aber es gibt noch so viele weitere Tipps, Tricks und Werkzeuge, mit denen Sie Ihren Alltag als Sysadmin effizienter gestalten können. Lösungen zur Sicherung Ihres Systems, zur Benutzerverwaltung, zum Speichermanagement, zum Monitoring – hier zeigen Ihnen Experten, wie's geht.